スポーツ経営！入門

入門 第4版

理論とケース

Introduction to Sports Management

大野 貴司
Ono Takashi

三恵社

まえがき

　本書は，これからスポーツ経営学を学ぼうという初学者を対象としたテキストである。それゆえ，主要な読者としては大学 1 年生，大学院修士 1 年生を想定としている。他，スポーツ経営学に興味のある大学生や大学院生，スポーツビジネスの領域に興味のある実務家の方々にも楽しく読んでいただけるつくりとなっていると自負している。

　さて，わが国においては「スポーツ経営学（スポーツマネジメント）」は，長らく体育学であると分類されてきた。確かに，製品・サービスとして「スポーツ」を取り扱うのであるから，そこにおいては，「スポーツ」を研究対象とする者にしか分からない留意点があろう。しかしながら，「ヒト・モノ・カネ・情報という経営資源を活用し，組織の存続・成長を考えていく」という意味では，スポーツ経営学の本質は経営学なのであり，そうした視点こそが重要になるのである。つまり，スポーツ経営学の研究，実務を行う上では，スポーツ経営学は経営学であるという心構えが必要であり，経営理論を踏まえた上で，そうした理論的枠組みを用いながら，スポーツ経営を考えていく必要があると言える（もちろん，「スポーツ」そのものの理解も重要にはなるのだが）。本書は，そうした問題意識に基づいて作られているため，実際のスポーツビジネスの事例のケーススタディと，その解釈を重視している。

　その意味で，本書は，理論と実践（実例）の双方向型のテキストを目指しているつもりである。難解な（本書の場合は，比較的平易な経営理論を採用しているつもりではあるが）組織論や戦略論の理論は実際のスポーツビジネスの現場を捉える上で，どのように役に立つのかという疑問に答えるよう鋭意努めてみた。その意味では，単なるケースに留まらないスポーツ経営学のテキスト作りを目指したつもりである。本書においては，1 章ごとに読者のみなさんに理解していただきたい 15 のトピックをひとつずつ取り上げ，その理解が深まるようなスポーツビジネスの事例を用意させていただいた。そうすることで，なるべく興味を持って経営理論を習得していただきたいというねらいと，経営理論とスポーツビジネスの事例の蓄積を一度に両方していだこう

というねらいがある。しかしながら，事例のほとんどは筆者オリジナルのものではなく，二次資料を用いたものが多く，スポーツ経営学のケーススタディ集としてはノベルティのあるものとは言えないゆえ，読者の方からご批判もあるかもしれない。この部分に関しては，次回作の課題としたい。しかしながら，スポーツ経営学は，事例のみでは成立しえず（とは言っても，筆者の受け持っている学生たちや，講演の機会をいただいた際の聞き手の方々などのスポーツ経営学の聴講者の関心のメインは，スポーツ経営に関する事例のほうで理論の理解に関しては二の次という傾向がないことはないのだが・・・。その意味では，世の「スポーツ経営学」の学習者のニーズに応えているかどうかは心もとないところである），事例のオリジナリティではなく，理論と実践の融合を目指した部分にスポーツ経営学のテキストとしての新しさを感じてもらえれば幸いである。逃げ口上になるかもしれないが，本書におけるスポーツ組織の事例はあくまで理論の理解の便宜のためにあると理解していただきたい。

　なお，本書の初版は平成 22 年 8 月に，増補改訂版は平成 27 年 8 月に，増補版は平成 31 年 3 月に公刊されている。本書はその後の筆者の教育研究活動を基に加筆訂正を施した改訂版である。本書の公刊にあたっては，初版同様三恵社代表取締役木全哲也氏にひとかたならぬご支援をいただいた。この場を借りて厚く御礼申し上げたい。

令和 4 年 11 月
埼玉スタジアムの見えるさいたま市の自宅にて
大野　貴司

目　　　次

第 1 章
スポーツ経営学とは

1. 東北楽天ゴールデンイーグルスの事例

　東北楽天ゴールデンイーグルス（以下東北楽天）は，2004 年の近鉄バッファローズとオリックス・ブルーウェーブの合併に伴い，新規参入したプロ野球球団である。成績は，新規参入直後の 2005 年度は，38 勝 97 敗 1 分（最下位），2006 年度は，47 勝 85 敗 4 分（2 年連続最下位）で，2007 年度は 67 勝 75 敗 2 分で 4 位であった。図表 1-1 が東北楽天の球団概要である。チーム成績のほうは設立後 3 年間は振るわないものであったが，2009 年には，シーズン 2 位となり，クライマックスシリーズにも初出場し，2013 年には日本一の栄冠に輝いている。2005 年の売上は 65 億 4200 万円で，1 億 2200 万円の営業利益，2006 年の売上は 66 億円 6900 万円と上昇している（『SMR』第 5 号）。2017 年には 138 億円の売上をあげ，1 億 2400 万円の営業黒字をあげている（東洋経済 Online）。売上の内訳は，チケット収入 34％，スポンサー収入 27％，グッズ販売収入 12％，放映権収入 11％，その他収入 16％であった（東洋経済 Online）。2017 年には球団史上最高の 177 万人の観客動員を達成し，2019 年には 182 万人の観客動員を達成した（複数の報道資料を参考）。「巨人戦」の恩恵にあずかれず，経営が厳しいパ・リーグにおいても着実に売上を挙げていくことのできる要因は一体どこにあるのか。以下，東北楽天の経営活動を検討したい。

（1）球団職員（フロント）の一般公募
球団のフロントは観客を集めたり，スポンサーの獲得を行うなど，球団の経営活動の重要な担い手である。今までのプロ野球球団の職

図表 1-1　東北楽天球団概要

会社名	東北楽天球団株式会社
創立	2004 年 10 月 29 日
事業内容	プロ野球チーム「東北楽天ゴールデンイーグルス」の運営，ほか関連事業
資本金	1 億円
主要株主	楽天グループ株式会社（100％）
従業員数	135 名
球団事務所	宮城県仙台市
本拠地	楽天生命パーク宮城

東北楽天ゴールデンイーグルスホームページ「会社概要」を参考に筆者作成。

員は，親会社からの「出向」というケースが大半であり，そうでない場合も，球団職員の個人的なコネクションを元に採用していた。そうした職員では，スポーツビジネスに対する知識や，愛着を欠く傾向が強くなるのは今までのビジネスとしてのプロ野球を見れば，明白であろう。そこで，東北楽天では球団経営を担う人材の一般公募を行った。インターネット，新聞等で募集を募った結果，20 数名の採用枠に 7,811 名が応募した（『SMR』第 5 号）。これら応募者の中から人材を選び，東北楽天では，国内外のビジネス，スポーツビジネスの経験を積んだ「即戦力」の獲得に成功したのである。

（2）分配ドラフトによる選手獲得
　球団経営において，必要になる人材はフロントだけではない。球団の商品ともいえる「ゲーム」を作るのは選手である。その意味では，選手がいなければ，球団経営は成り立たない。東北楽天は主に旧近鉄・オリックスから選手を獲得した（新球団オリックス・バッファローズが先に選手を獲得し，その次に東北楽天が獲得）。その結果，東北楽天とオリックスとの間に戦力的な不平等が生じてしまった。そこで，東北楽天では，飯田哲也，山崎武司，関川浩一など実績はあるが，現在は十分な活躍ができていないベテラン選手を獲

得した。既に峠を越え，思ったように活躍のできない選手もいたが，山崎のように活躍する選手もあらわれ，この試みは成功した。

（3）フルキャストスタジアム宮城（現楽天生命パーク宮城）の球場管理許認可者に

　東北楽天では，69億円をかけ，スタジアム（宮城県の施設）を改修し，その見返りに宮城県から球場の管理許可を得ている（各種報道資料を参考）。「管理許可」とは，「球場を活用した一切の事業活動を行うことのできる権利」であり[1]，試合を実施し，チケットを販売する「興行権」，飲食物販の営業やテナントを導入する営業権，放映権の販売権利，広告掲出，フルキャストスタジアムを使ったプロ野球以外のイベントの実施などがこれにあたる。「管理許可」を得ることにより，球団がスタジアムを積極活用した営業展開を行うことが可能になったのである。

（4）飲食・商品の販売

　プロ野球やJリーグなどの試合会場で販売されている飲食は，「まずいけど高い」というイメージが読者のみなさんにもあるかもしれない（もしくは，そういう経験をされたことのある方がいるかもしれない）。そうしたイメージを払拭すべく，東北楽天では，球場内に設置する飲食店舗を「おいしさ」と「地元色」，「オペレーション能力」を考慮し，決定し，最終的に，約60店舗が選定され，仙台名物の牛タン，和洋中エスニック，スポーツバー，デザート専門店などバラエティに富んだ店舗構成であった（『SMR』第5号）。

　これらの飲食店は女性にも好評であり，あまり野球に詳しくない女性には，「また来たい」と思わせる要因になっているものと考えられる。

　グッズ販売においては，東北楽天は，製造を外部委託するのではなく，東北楽天が製造し（製販統合），製造から販売，在庫管理まで一括管理することにより，コストを抑えている。他，直営ショップ（メガショップ）の確保することで，販売委託経費などのコスト

---

[1] 管理許可者は，公共施設の管理代行者である「指定管理者」とほぼ同じ権限を有していると考えて差し支えない。

を抑えている（『SMR』第 5 号）。

　2015 年には球団外周部に 660 ㎡のグッズショップ「チームショップ」を新設している。

（5）球場内のアメニティの向上

　野球や，サッカー観戦に行った時に，トイレの数が少なく，歩き回った経験や，並んで待った経験が読者のみなさんにもあるかもしれない。東北楽天では，スタジアム改修の際に球場内の 38 ヶ所のトイレを刷新し，そうした苦労をしないで済むような配慮をした（『SMR』第 5 号）。他，託児所・授乳室を設置し，子連れで応援に来る母親への配慮（子どもに気を取られることなく，野球観戦を楽しめるように），球場内に，「スマイルグリコパーク」（遊園地のような子どもの遊び場），ファミリーで乗車できる「イーグルストレイン」などを設置し，子どもや家族が，野球以外で楽しい時間を過ごせる「場」を提供している。

（6）座席等の工夫

　スタジアムの改修の際に，東北楽天では，野球をより楽しんで観戦できるよう座席にも配慮を施している。例えば，キャッチャーのすぐ後ろで観戦可能な「プレステージプラチナ」や，友人連れなどでも話しながら野球観戦ができる，「ボックスシート 5」，「二人用ペアシート」など，観戦に訪れる人々のニーズに応じた座席設定をしている。他，バックスタンドには，日本初のリボンビジョンを設置したり，音響効果を高めるため「3 フェイススピーカー」10 台と，サブウーファー2 台の追加投入をしたり，「見やすさ」や「臨場感」を高める工夫をしている（『SMR』第 5 号）。

　また楽天生命パークでは，応援歌や選手の登場曲，チャンステーマや歌詞などを応援団の動きを予想しながらタイミングよくスクリーンに表示したり，拍手を促すクラップ動画を導入している。2016 年には，2 枚の大型スクリーンを連動させた動画の表示も可能になった（東洋経済 Online）。

（7） 地域（仙台）ファンの掘り起こし（＝地域密着）

　松岡他（1996）の調査結果によると，スタジアムから離れた人々よりも，近くに住んでいる人々のほうが，再び観戦に訪れる誘因は高くなるという（スタジアムから遠いところに住んでいる人よりも近いところに住んでいる人のほうが，リピーターになりやすい）。スタジアムの近くに住んでいればいるほど，スタジアムに来やすいし，何度も来てくれる可能性が高いのである。そうした意味でも，ファンを増やしたいのならば，地域のファンを積極的に掘り起こしていく必要があるのである。具体的には，東北楽天では選手の地域の学校訪問や，中学校指導者・選手対象の野球塾の開催や，球団マスコット「クラッチ」，「クラッチーナ」の地域の幼稚園訪問や，当時の球団社長補佐マーティー・キーナートの出張講演などを行い，地域住民と触れ合う機会を積極的に作っている（『SMR』第 5 号）。そうすることで，地域の人々に東北楽天というプロ野球球団は遠い存在ではなく，地域の人々にとって身近な存在であることを認識してもらおうとしている。

（8） 運営資金

　東北楽天は先述のように株式会社である。株式会社であるからには，当然，事業を起こすのに必要な資本金を株主が出資をしている。東北楽天は，その株式は証券市場で売買をされていない非上場企業である。親会社である楽天が出資をして設立された企業である。しかしながら，欧州プロサッカークラブやアメリカの最大手プロレス団体 WWE（World Wrestling Entertainment）など，証券市場に上場し，広く株主から資金を集めているケースもある。

　東北楽天の 2017 年度のスポンサー契約料・広告料は，約 37 億円であった（「東洋経済 Online」の数値から推計）。スポンサーは高額なお金を出して球団を支援する。ゆえに，「スタジアムに看板を出して終わり」という考えでは，その関係を継続させていくことは難しい。東北楽天では，スポンサー企業に対し，販売活動の一環として，球場内でのサンプリングや，景品として楽天のオフィシャルグッズを活用してもらったり，全試合にスポンサーを付けたり，座席の背もたれに広告スペースを設けたり（東洋経済 Online）など，ス

ポンサーにメリットのある形で，スポンサードを展開してもらっている。こうして獲得したお金はさらなるファンの獲得のために使われるのである。

（9）メールマーケティングの実施

　東北楽天では，ファンクラブの会員など希望者に対し，メールアドレスを登録してもらい，楽天側からメールを配信し，試合やチケットに関する情報を発信していた。こうした販売履歴が，積み重なっていくことにより，球団が，各顧客の特性・興味にあったイベントや，観客席の告知を行い，効率的に売上へと結びつけていくことが可能になる。

2. スポーツ経営学とは

　1.から分かることは，東北楽天球団は，「プロ野球のゲーム（コア事業）」とその派生商品（スポンサー契約料・広告料，ライセンス契約料，放映権料，ファンクラブ会費）を販売している企業であるということである。「スポーツ経営学」は，「スポーツ」を商品とする企業や，組織（NPO・自治体）の経営（＝ヒト・モノ・カネ・情報という経営資源を活用し，企業をどう成長させていくか）を考えていく学問であると定義することができる。他，部活動などの，スポーツを商品とはしないが，スポーツを行うために組成されている組織の運営を考えていくこともこれに含まれる。他には，スポンサーシップなど「スポーツ」を利用して，自分の企業の認知度や，ブランドを構築しようという企業の活動も含まれる。

　では，こうした「スポーツ経営学」では，何を考えることが必要になるのか。東北楽天のケースを振り返りながら考えていこう。

（1）ヒト

　まず，必要なのは「ヒト」である。企業の目標達成のために働いてくれる人を「いかに集めるか」が大事である。そうして集めた人々が，適当に働いていたら困ってしまう。そこで次に，「いかにやる気になってもらうか（モチベーションを高めていくこと）」も重要

になるのである。この課題は，第5章で詳述する。東北楽天では，プロ野球の慣習ともいえる親会社からの出向という形を取らず，やる気のある有能な人を全国から公募していたことは，前述のとおりである。その意味では，東北楽天は人材を確保した時点で，「いかにやる気にさせるか」という経営活動における主要な課題を既にクリアしていたのである。

（2）モノ

自社の商品を，継続的に購入してもらうためには，顧客にその商品について「満足」してもらわなければならない。プロ野球において顧客の最大の満足は，応援しているチームが勝つことであろう。しかしながら，いくら最善を尽くしたとしても，チームが必ず勝てる保証はないし，散々たるゲームをしてしまう可能性すらありうる。そのためには，ゲーム以外の要素で観客を満足させ，「また来たい」と思わせる要素を付加することも重要であるといえる。広瀬（2009）なども論じているが，チームの勝敗と，観客の満足度（事業性）をリンクさせない必要があるのである。東北楽天では，観客に野球を楽しんでもらえるよう，「砂かぶりシート」など，座席に工夫を施したり，飲食を充実させたり，家族や子どもが楽しめるアトラクションを設けたりなど，スタジアムを訪れた人々が楽しめる様々な演出を施していた。そこにあるのは，スタジアムを訪れた人々に「いかに楽しんでもらうか」，「いかに楽しい時間を過ごしてもらうか」というエンターテイメント・ビジネス的な発想である。

収益を拡張するためには，新たな顧客を獲得する必要がある。しかしながら，プロ野球においても，興味が無ければ誰も見には来ない。そこで，東北楽天では野球教室やイベントなどにより，地域の人々と交流することで，一人でも多くの人々に，東北楽天の存在を知ってもらい，興味を持ってもらうことを心がけていた。多くのファンを獲得するためには，ファン掘り起こしのための草の根の活動が大事なのである。

（3）カネ

社員を雇ったり，製品を作るための材料を仕入れるためには，

当然，お金が必要になる。そのため，経営活動においては，そうしたお金をいかに確保するのかが重要である。具体的には，企業が経営に必要なお金（資金）を集めるには，2つの方法がある。まずは，証券取引所などの株式市場を通じた資金の獲得である。株券を発行し，株券の購入者から資金を得るのである。この方式は，直接金融といわれる。直接金融においては，より多くの人々が株を購入してくれる証券取引所などの株式市場に自社の株を「上場」することにより，多くの投資家からより多くの資金を集めることができる可能性が出てくる。スポーツの世界でも，先述のように，ヨーロッパのプロサッカークラブや，アメリカ大手のプロレス団体 WWE などが，自社株を上場して，より広く経営資金を集めている。こうして集めた資金は，企業が儲かった場合は「配当」という形で，お金を出してくれた人々に還元をするが，原則として返済義務は無い。2つ目の方法は，土地や建物などを担保として，銀行などの金融機関から必要な資金を借り入れることである。これは，間接金融といわれる。これは当然のことながら返済義務が発生する。

図表 1-2　経営資源としての情報

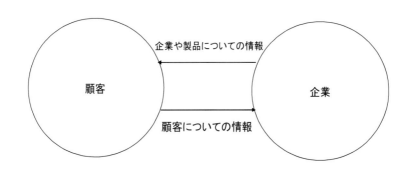

筆者作成。

（4）情 報

最後に情報であるが，情報には2つの情報が存在する。まずは，自社についての情報である。そして次は，顧客についての情報であ

る。前者は,自社がどのような製品を販売しようとしているのかや,その特徴などがあろう。プロ野球の場合は,選手についての情報なども含まれるであろう。こうした情報は,より多くの人々に発信し知ってもらい,購買へと繋げていくためのものである。東北楽天のケースだと同社は,メールマーケティングにより,自社の情報を積極的に発信し,ファンに知ってもらえるよう努めていた。後者は,顧客についての情報であるから,数多く存在する顧客がそれぞれどのような人々なのか(どこに住んでいて,どのような家族構成で,何歳で,男性か女性か,今までどのようなチケットを購入してきたのか)を把握しなければならない。それを理解することで,彼らの好みそうなサービスを提供することが可能になるのである。千葉ロッテなどは,全日空と提携し,飛行機の座席管理システムをスタジアムのチケット管理に応用した独自のチケッティングシステム,「マリーンズ・インテグレート・カスタマーサービスシステム(通称 MIX)」を構築し,売上を増やしている。

　以上を踏まえると,スポーツ経営学とは,組織がスポーツを製品・サービスとし,その「経営」を考えていく,すなわち,ヒト・モノ・カネ・情報を活用し,いかに自らの組織を動かしていくかを考えていく学問であるといえる。

3. スポーツ経営学の対象

　しかしながら,スポーツを製品・サービスの対象とする組織は多岐に渡る。思いつくだけでも,

- プロ野球・Jリーグ,bjリーグ,プロレス,ボクシング,大相撲などのプロスポーツ(プロスポーツリーグ,プロスポーツチーム)
- コナミスポーツや,セントラルスポーツなどの,フィットネスクラブ
- ミズノやアディダス,ナイキなどのスポーツ用品会社(スポーツメーカー)
- ゼビオやヒマラヤのようなスポーツ小売店
- ダンス教室,テニススクールなどのスポーツ教室

- テニス場やゴルフ場などのスポーツ施設
- スポーツドリンク，健康食品などのスポーツ飲料・食品のメーカー
- スポーツ番組の放映や，中継を行うスポーツメディア
- スポーツ関係の治療を行うスポーツドクター
- 総合型スポーツクラブ等のスポーツ NPO
- 地域のスポーツ振興を担う自治体（スポーツ振興課など），体育協会などの外郭団体，競技団体
- スポーツ・スポンサーシップなどの，一般企業のスポーツへの投資行為
- オリンピック，ワールドカップ，東京マラソンなどのスポーツイベント
- 石垣島マラソン，ホノルルマラソンなどのスポーツ参加のための旅行ツアー，ワールドカップ，オリンピックなどのスポーツ観戦ツアー（スポーツツーリズム）

など多様である。そこにはプロスポーツやフィットネスクラブのような形のないサービスを提供する組織とスポーツ用品会社のような形のある製品を提供する組織があり，取り扱う製品の多様さもスポーツ経営学の特徴であるといえる。それゆえ，一般的なスポーツ経営の構造を理解するだけでなく，プロ野球や，スポーツメーカーなど，多様なスポーツ組織の経営活動の事例に触れながら，それぞれのスポーツ組織の特徴なども理解していく必要があり，それこそが，スポーツ経営学の魅力であり面白さなのではないであろうか。

＜課題＞

　東北楽天ゴールデンイーグルス以外の興味のあるスポーツ組織（プロスポーツクラブ・リーグ，スポーツメーカー，フィットネスクラブ，スポーツ NPO など，スポーツを取り扱う組織であれば何でも構わない）とその経営活動を経営資源の観点から分析してみよう。

＜参考文献＞

広瀬一郎（2005）『スポーツ・マネジメント入門』東洋経済新報社

広瀬一郎（2009）「スポーツ産業の構造・特質・リスク」『一橋ビジ
　　ネスレビュー』第 56 巻第 4 号，6-18 頁
松岡宏高・原田宗彦・藤本淳也（1996）「プロスポーツ観戦者の誘
　　致距離に関する研究」『大阪体育大学紀要』第 27 巻，63-70 頁

＜参考資料＞
ブックハウス・エイチディ『SMR』第 5 号

＜参考 URL＞
東北楽天ゴールデンイーグルスホームページ
　　http://www.rakuteneagles.jp/（2022.10.30 アクセス）
東洋経済 Online　https://toyokeizai.net/articles/-/213971（2022.10.30
　　アクセス）

第 2 章
スポーツ組織の経営戦略

1. アディダスの事例

1.1. 創業者アドルフ・ダスラーとその信念

アディダスといえば，世界でも 1，2 位を争うスポーツメーカーである。2019 年 12 月期の決算では，アディダスの売上は，212 億ユーロであった（各種報道資料を参考）。この数値は，スポーツ用品メーカーにおいては，ナイキの 467 億ドルに次ぐものである（各種報道資料を参考）。ここでは，その成立と，発展の歴史を検討したい。

アディダスは，1925 年にドイツ人アドルフ（アディ）・ダスラーと，その兄，ルドルフ・ダスラーにより設立された。設立当初の社名は，「ダスラー商会」といった。アディダス設立当初は，スポーツシューズは，小さなマーケットにしか過ぎず[1]，アドルフは，各スポーツのニーズに合ったシューズさえあれば，それを履いた選手はさらなるパフォーマンスを残せるであろうと考えていた。つまり，それぞれのスポーツ（例えばサッカーと野球）に求められるシューズの形態は，異なるとアドルフは考えたのである。アドルフ自身も，アスリートとして，陸上の競技会に参加したり，選手としてサッカーチームに所属し，プレイしていた。その意味では，アドルフのこうした着想は自らの競技経験に基づいていると言える（Brunner，2006 ; 広瀬，2006）。

そこで，アドルフは，競技別にシューズを製作（競技ごとに異な

---

[1] ブランナー（2006）によると，当時のスポーツシューズは，重くて窮屈で，無理をするとすぐ破けてしまい，当時のスポーツ選手は，シューズが足に与える酷い痛みに耐えねばならなかったという。

るシューズ）し，1937年までに，11のスポーツに対して30種類の靴を開発した。アドルフは，経営者というよりも靴職人であり，「靴を履く選手にとって良い靴」に徹底的にこだわり，頑固に靴を作り続けた。アドルフは，シューズを作るに当たり，①各スポーツのニーズにあった最高のシューズを開発すること，②アスリートを怪我から守ること，③耐久性に優れた製品を生み出すことという3つの信念を持ち続けた（広瀬，2006）。

　そうして作られたシューズを売り込むため，アドルフは，自分が制作したシューズの良さを認めてもらい，それを着用してもらおうとアスリート（アスリートの中でもトップレベルのアスリート）にはたらきかけたのである。特に，アドルフが目をつけたのは，オリンピックやワールドカップであった。そうした世界的な舞台において，自社のシューズを着用してもらえれば，それは，自社のシューズの格好の宣伝（しかも全世界的に）になるためである（Brunner，2006；広瀬，2006）。

　「着用する選手にとって最良のシューズを」とこだわり続けたアディダスのシューズは，トップアスリートの支持を得ることに成功し，1928年には，アムステルダムオリンピックで，はじめてアドルフのシューズが使用され，1932年には，ロサンゼルスオリンピックで，アドルフのシューズを履いたアルトゥール・ジョナルドが100メートルにおいて銅メダルを獲得し，1936年には，アドルフのシューズを履いたジェシー・オーウェンスが100メートル，200メートル，400メートルリレー，走り幅跳びで4つの金メダルを獲得し，選手のパフォーマンスの向上に大きく貢献した（広瀬，2006）。

　アディダスは，1954年時点で年間45万足のシューズを製造し，着実に売り上げを伸ばすことに成功した（Brunner，2006；広瀬，2006）。しかしながら，1948年に，アドルフとルドルフが決別する。ルドルフは，アディダスを離れ，別会社を起こすことになる。今日のプーマである。その意味では，アディダスとプーマの因縁は，単なる競合他社という関係を超えた根深いものであるということができよう。

　アドルフの，「靴を履く選手にとって良いシューズを作りたいという信念」は，数々のヒット商品を生み出すこととなる。以下，そ

の一例を挙げてみよう。

①　スタッド交換式スパイク

　これは，選手がいかなるグランドの状態の時も，実力が出せるように，グラウンドの状態に合わせ，スパイクのスタッドを交換可能にしたサッカースパイクであり，アディダスの名を世界的なものにしたサッカースパイクでもある（広瀬，2006）。

　1954 年のスイスワールドカップ決勝で，西ドイツチームが対ハンガリー戦において使用することにより，その存在が世界中に知られることとなった。西ドイツチームは，スパイクを長めのスタッドに変えることで，雨と泥でぬかるんだグラウンドでもいかんなく実力を発揮し，「マジックマジャール」と恐れられたハンガリーを圧倒し，チームを優勝へと導いた。いわゆる，「ベルンの奇跡」を演出したサッカースパイクでもある（広瀬，2006）。

②　スタンスミス

　スタンスミスは，1965 年に発売されたテニスシューズである。元々の名前はハイレットといった。スタンスミスもハイレットも，60〜70 年代に活躍したテニス選手の名前である。ちなみに，世界で一番売れたスニーカーでもある。デザイン自体は，きわめてシンプルなものであったが，きわめて足なじみが良いシューズであり，そうした要因が，愛用され続けた原因であると考えることができる（Brunner，2006）。

③　スーパースター

　スーパースターは，1970 年発売のバスケットシューズである。1969 年にプロトタイプが完成し，その後，トップ選手による数度のテストを経て，製品化された。スーパースターには，ジャンプ後の着地や，ゴール下での激しいプレイから選手のつま先を保護するためのつま先のラバーガード，「シェル・トゥ」，グリップ性向上を目指したヘリンボーンパターンのアウトソール，フィット感重視を目指した，レザーアッパーなどの機能が備わっており，当時のトッププレーヤーであったアブドゥル・ジャバーなどは，スーパースタ

ーを,「まるで素足に3本線がプリントされているようだ」と評している（Brunner, 2006）。

ブランナー（2006）によると，NBA所属選手の70%が，スーパースターを履いていた時期があったという。

アドルフの頑固なまでの靴づくりへの執念は,サッカードイッチチーム,テニス選手のハイレット,スタンスミス,陸上選手のジェシー・オーウェンス,ボクシング選手のモハメド・アリなど多くのトップアスリートの愛好者を生み出した。こうしたトップアスリートが,アディダス製品を使用しているのを見た観客あるいは視聴者は,アディダス製品を購買,使用するようになるのである。これは,消費者の製品購入の判断材料として,「トップアスリートが使用していること」ということが,その多くの比重を占めているためであると考えられる。

1.2. ホルスト・ダスラーによるアディダスの成長戦略

アドルフは,シューズの企画・開発に集中し,その販売・マーケティングは,息子であるホルスト・ダスラーが担当した。ホルストは,自社製品のシューズの三本線（スリーストライプス）を白くすることで,「アディダスのシューズ」とし,そのイメージを消費者の間で定着させた（広瀬, 2006）[2]。

アディダスのシューズに,白い三本線というわかりやすい特徴を付与することにより消費者に,「あれはアディダスのシューズだ」とすぐに分かってもらえるようにしたのである（スリーストライプス以外のアディダスのマークといえば,月桂樹のマークであろう）。消費者がすぐわかるこうした製品の視覚上の特徴のことを,「製品アイデンティティ」という。

ホルストは,人々のオリンピックとワールドカップへの関心度の高さに注目し,自社のマーケティング戦略においてオリンピックと,ワールドカップという世界的なスポーツイベントを積極的に活用していった（広瀬, 2006）。

---

[2] 元々,アディダス製品の三本線はシューズの強度を上げることを目的として縫い付けられていた（広瀬, 2006）。

1962 年のチリワールドカップでは，全ての選手が「三本線」の
シューズを使用し，1972 年ミュンヘンオリンピックで陸上選手の
85％に「三本線の靴」を履かせることに成功する。1974 年の西ド
イツワールドカップでは，自国のオフィシャルサプライヤーとして
ユニフォームとシューズを，そして，FIFA には，大会公式ボール
を提供し，フレンツ・ベッケンバウアーを製品の PR に使用した（広
瀬，2006）。
　アディダスのシューズを着用し，世界の舞台で戦う選手の活躍は
消費者の購買意欲を刺激した。その後ホルストは，マーケティング
会社，ISL（International Sports and Leisure）を立ち上げ，オリンピ
ック（夏季・冬季），ワールドカップにおける，全広告収益を統括
するに至った。アディダスは，そうした国際的なスポーイベントに
おける自社の立場を活用し，自社における製品の宣伝・販促を推し
進め，世界のスポーツ用品市場において確固たる地位を構築するこ
とに成功したのである（広瀬 2006）。

2.　経営戦略とは

2.1.　経営戦略とは

　著名な経営戦略の研究者であるミンツバーグ（1978）によると，
経営戦略は以下の 5 つの性格を有するという。

① 計画（plan）…目標（＝売上 UP，市場シェアの拡大など）を達
　成するためには，具体的にどうすれば良いのか
② 策略（ploy）…競争相手（＝アディダスの場合ならば，ミズノ，
　プーマ，アシックス等のスポーツメーカー）を出し抜くために
　はどうしたら良いか
③ パターン（pattern）…従業員が，自社にとって望ましい行動を
　してくれること（⇒社長が良いアイディアを持っていても従業
　員が動いてくれなければ話にならない）
④ 位置（position）…自社をどのように位置づけるか（＝どのよう
　な商品を扱うのか）
⑤ 視野（perspective）…自社の将来像を想像すること

ミンツバーグの指摘を踏まえると，経営戦略とは，「組織にとって望ましい将来（像）へと近づいていくための具体的な計画」と定義することができる。経営戦略においてすべきこととしては以下のことが挙げられる。

2.2.　経営戦略のプロセス
①　ドメインの策定
　ドメインとは，日本語に訳すと「領域」である。要は，「顧客に何を提供するか」を決めることであり，企業にとっての生存領域を決定することである。企業が，顧客に何を提供するかを決めることにより，自らがターゲットとする顧客やライバルが決まってくるのである。アディダスの場合は，スポーツシューズを中心としたスポーツ用品を製造・販売することを自らのドメインとしている。その意味では，自らの顧客は，スポーツ用品を購買するスポーツユーザー（消費者）が，そのターゲットということになり，顧客を奪い合うライバル（経営学的に言うと「競合他社」）は，ナイキ，プーマ，ミズノなどのスポーツ用品を取り扱うスポーツメーカーということになる。自らのドメインを考える際は，自社を取り巻いているチャンス（機会）を考える必要がある。これは，アディダスの場合ならば，当時は，スポーツシューズ市場は小さかったため，そこで各競技の特性に合ったシューズを製造し，販売すれば売上は見込めたことが挙げられる。すなわち，スポーツシューズ市場の未成熟という当時の社会的状況は，アディダスにとっては機会であったのである。その他，自らを取り巻く脅威についても考えなければならない。機会の場合は，いかにそれに乗じるかが大事であり，脅威の場合は，いかにそれを避けるかを考えることが大事である。

②　競争優位の構築
　ドメインが決まれば，おのずと競合他社も決まる。そうしたら，次にするべきことは，競合他社との戦いにどうすれば勝てるかを考えることである。その意味では，ミンツバーグのいう"Ploy"を考えることが重要なのである。具体的には，競争を勝ち抜くための「武

器」を作ることが必要になる。この武器は，経営戦略研究者のジェイ・バーニーによると，価値があり，希少で，模倣困難（マネをすることが難しい），組織全体で活用しているのであればあるほど，企業に持続的な競争優位をもたらすという。この4つの視点から企業が有する武器が競争上優位となりうるかどうでないかを判断するためのフレームワークをVRIOフレームワークという。バーニーはこの4つに該当する資源や能力は持続的競争優位，1つから3つに該当するものは一時的な競争優位，1つも該当しないものは競争劣位にあたるとしている（Barney，1997）。

　では，アディダスの場合の競争優位構築の武器は何か。それは，スリーストライプスであり，そこから生まれるブランド（＝特定の製品・企業の銘柄）ではないであろうか。アディダスのスリーストライプスのシューズは，顧客にとってお金を出して購入する「価値」があり，アディダス以外では購入することが出来ず（希少），他の企業が真似をすることが難しく（＝他の企業がスリーストライプスの靴を売り出してもおそらくは売れないであろうし，特許の問題で不可能であろう），自社のブランドを活用して色々なジャンルのスポーツ用品を開発・販売して高い売上をあげることに成功している。その意味で，アディダスが，競合他社と戦うにあたって強力な武器となるのである。その意味では，戦略の形成においては，自社の強みを見つけ，それを育成することが重要になる。そして，それと同様に，自社のウィークポイント（弱み）を見つけ，それを補う，もしくは，その領域で勝負をしないことが重要である。

　では，この競争上の武器である，スリーストライプは，いかにして形成されたのか。ひとつめの形成要因としては，「ものづくりの重視」が挙げられる。アディダスの創業者アドルフ・ダスラーは，競技別のシューズの製造し，「選手にとって良いシューズを」というこだわりを持ちながら，シューズとしての機能以外にも，履き心地や，衝撃吸収，滑り止め，軽量化など徹底的にこだわっていた。こうした創業者の精神は，トップが代わっても「経営理念」，「組織文化」などの形で，組織内部に脈々と受け継がれている[3]。

---

[3] 「経営理念」については第10章，「組織文化」については第5章にて詳述する。

こうした精神の下，アディダスでは，トップアスリートによる試用（スクリーニング）により机上の論理だけでなく，実際に試してみて，問題点をチェックし，是正し，商品化している。そうすることにより，革新的で，消費者にもわかる明確な「差」を提供することが可能になるのである。

　2つめの形成要因としては，製品（例えばシューズ）自体のイメージの構築が挙げられる。アディダスでは，有名選手に自社のシューズを履いてもらい，良さを認めてもらうことで，試合でも使用してもらうことに努めていた。そうすることで，「oo選手（トップアスリート）が履いているシューズ」として，「三本線のシューズ」が，テレビ（それは，オリンピックやワールドカップなどの世界的なスポーツイベント）や新聞に写ることが可能となる。トップアスリートが履くことによる，製品認知度の向上，製品イメージの構築がなされ，有名選手が履いているため，印象に残る・「あの選手が利用しているなら俺（私）も...」という意識が消費者の内に構築されるのである。この手法は，テレビコマーシャルをただ流すよりも，効果的なコマーシャルであるといえるのではないであろうか。イメージを作るためには，ただトップ選手に着用してもらえば良いというわけにはいかない。せっかく着用してもらっても，テレビを見たり，観戦に訪れた人々が，それがどこの企業の製品か分からなければ，効果は半減してしまう。そこで，製品にロゴやマークをつけたり，形に特徴を持たせたりして，消費者に自社の製品を覚えてもらうことが大事になる。すなわち，「製品アイデンティティ」の付与である。トップアスリートによる着用と，製品アイデンティティの付与という2つの要因により，アディダスのシューズ（製品）は，「世界の舞台で戦うトップアスリートに愛用されているスポーツブランド」というイメージの構築に成功したのである。そうしたイメージをアディダス製品，および，そのブランドに持たせることにより，競合他社に対し，アディダスは強みを発揮しているのである。

③　SWOT 分析

　以上，戦略の策定において必要な要因を考察したが，戦略の策定においては，まずは自社を取り巻く環境の機会，そして，脅威を分

析してみる必要がある。さらには，戦略を実行するためには，自社の強みをベースとした戦略のほうが，成功の可能性は高くなる。そのためには，自社の強みとは何かを分析してみる必要がある。その反対に，自社の弱い部分では勝負をしない必要がある。以上，戦略の策定の際には，機会（Opportunity），脅威（Treadness），強み（Strength），弱み（Weakness）の4つを分析する必要がある。これを，SWOT分析という。SWOT分析は，戦略の古典的な分析フレームワークではあるものの，その有用性は高い。ちなみに，機会と脅威は企業の外を取り巻く要因（外部要因）であり，強みと弱みは，企業自身の要因（内部要因）である。

図表 2-1　SWOT 分析と戦略策定

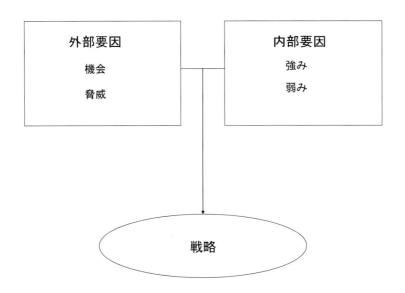

アンドルーズ（1971）などを参考に筆者作成。

3.　おわりに

　以上，アディダスの事例をベースにスポーツ組織における経営戦

略について検討をしてきたが，企業が競合他社と戦っていくためには，自らを取り巻く機会と脅威を冷静に分析し，差別化を可能とする武器（強み）を作り，それをベースとして戦っていくことが重要であるといえるのではないであろうか（そして，弱い部分では戦わない，もしくは弱い部分を補っていく）。これは，読者のみなさんが人生を戦っていく上でも，重要になるものであるといえるのではないであろうか。その点は，人も企業も同じかもしれない。

＜課題＞
　SWOT分析を使い，アディダス以外の興味のある企業（スポーツ系の企業でなくても構わない）の経営戦略を分析してみよう。

＜参考文献＞
Andrews, K.（1971）,*The Concept of Corporate Strategy*, Irwin.（山田一郎訳『経営戦略論』産業能率大学出版部，1976年）
Barney, J. B.（1997）, *Gaining and Sustaining Competitive Advantage*, Pearson Education.（岡田正大訳『企業戦略論【上】,【中】,【下】』ダイヤモンド社，2003年）
Brunner, C.（2006）, *All Day I Dream about Sport : The Story of Adidas Brand*, Cyan Communications.（山下清彦・黒川敬子訳『アディダス　進化するスリーストライプ』ソフトバンククリエイティブ，2006年）
Mintzberg, H.（1987）, "The Strategy Concept 1 : Five Ps for Strategy,"*California Management Review*, Vol.30, No.1, pp.11-24.
Mintzberg, H., Ahlstrand, B. W. & Lampel, J.（1998）, *Strategy Safari*, Free Press.（齋藤嘉則監訳『戦略サファリ』東洋経済新報社，1999年）
大滝精一・金井一頼・山田英夫・岩田智（1997）『経営戦略―論理性・創造性・社会性の追及』有斐閣

＜参考資料＞
広瀬一郎（2006）『サッカーマーケティング』ブックハウスHD（DVD）

第 3 章
スポーツマーケティング

1. アルビレックス新潟の事例

1.1. 設立から新スタジアム完成まで

　本章では，まず最初に J リーグクラブチームのアルビレックス新潟の事例を検討する。アルビレックス新潟は，新潟県が 2002 年のワールドカップに参加するための参加条件をクリアするために設立されたプロサッカーチームである（ワールドカップの参加には新潟の地元財界からの強い要望があった）。ワールドカップに参加するためには，参加都市は「プロサッカーチームを持っていること」と，「専用のスタジアムを持っていること」という 2 つの条件をクリアしなければならなかった。そこで，新潟県ではその参入条件をクリアするため，地元のクラブチームである「新潟イレブン」を，プロチームへ衣替えし，参入条件をクリアしようとしたのである（専用スタジアムは，2000 年までに完成させる予定であった）。その経営者として新潟に大学院，大学，専門学校などを有する学校法人新潟総合学院（NSG）の理事長であり，新潟県内有数の大組織の経営者である池田弘（ひろむ）が選任された。

　96 年には，アルビレオ新潟が設立された（後に県民投票により「アルビレックス新潟」に改称）。当時の資本金は 2 億 9500 万円で，県内の企業 30 社が 1000 万円ずつ出し合い出資した（複数の二次資料を参考）。こうした小口の出資の背景であるが，新潟にはプロサッカーチームを単独で支えられる企業は存在しなかったため，アルビレックスにおいては県内の企業に「広く浅く支えてもらう」ことを目指したためである。その他，個人レベルでも，地域後援会を組織化し，個人から 1 万円，企業から 3 万円の小額の会費を集め，ク

図表 3-1　アルビレックス新潟概要

会社名	株式会社アルビレックス新潟
本社所在地	新潟県新潟市
クラブハウス所在地	新潟県北蒲蒲原郡聖籠町
資本金	1 億円（169 企業・団体）
従業員数	フロント・アカデミースタッフ 57 人，トップチームスタッフ 14 人，選手 32 人
活動区域	新潟全域
ホームスタジアム	デンカビックスワンスタジアム（収容人員 42,300 人），新潟市陸上競技場（収容人員 18,671 人）
売上	22 億円（2021 年）

アルビレックス新潟公式サイト「会社概要」，J リーグオフィシャルサイト「2021 年度クラブ経営情報開示資料」を参考に筆者作成。

ラブを支えてもらうよう努めた。ホームスタジアムは，新スタジアムが完成するまで，新潟市陸上競技場を使用することが決定された。こうして，新潟の地にプロサッカーチームが，設立されたわけであるが，96 年には，JFL（現在の J2）入りに失敗するとともに，1 億円の経営赤字を計上し，続く 97 年も JFL 入りに失敗し，1 億円の赤字を計上する（複数の二次資料を参考）。97 年には，ようやく JFL 入りに成功するも，2 億円の経営赤字を抱えてしまう（複数の二次資料を参考）。赤字続きで，存続を危ぶむ声もあったアルビレックスではあるが，この 2 億円の赤字には理由がある。この年はいわゆる「J リーグバブル」が崩壊した年であり，各チームとも大幅な観客動員の減少，収入の減少に見舞われた年であり，大量の選手が解雇された年でもあった。解雇された選手の中には実績のある選手も少なくなかった。そこで，アルビレックスでは，J1 でやっていくことが難しいであろう選手を解雇し，実績のある選手の獲得に乗り出したのである（当時，この解雇は「大リストラ」としてマスコミにバッシングされ，その矛先は当然，池田に向けられた）。その効果もあり，99 年には J2 で 4 位になり，設立後初の黒字を計上する

こととなった（複数の二次資料を参考）。

1.2.　新スタジアム完成とその成長

　2001 年には，42,300 人収容の新スタジアム（新潟スタジアム，通称ビッグスワン）が完成する。しかしながら，今までのアルビレックスの観客動員数は，1 試合あたり 4,000 人であり，新スタジアムの収容定員とは 10 倍近い差があった。そこで，スタジアムを満員にする手段として，後に他の J リーグチームが模倣するようになった無料招待券の配布という手段が取られたのである。アルビレックスでは，サッカーのことをよく知らない人々に，まずはスタジアムに来てもらうこと，スタジアムの雰囲気を楽しんでもらおうとしたのである。招待券の配布は，ただむやみやたらにばらまくという方法ではなく，町内単位で割り当て，とりまとめを町内会が行い，町内会の班長がチケット購入希望者の観戦希望日を確認した上で，チケットを配るという地道な方法を選んだ。そうすることで，確実に見たい人・見に来る人にチケットが行き渡るようにしたのである。「家」単位でチケットを配布することにより，アルビレックスでは，家族連れに観戦に来てもらうことを狙った。新潟の人口特性上，若者だけでは新潟スタジアムは埋まらないためである。その他，経営上のことも考え，家族全員に無料招待券を配布したのでは「事業」としてのもとは取れないので，各世帯 2 枚に制限したり，子どもにだけ配布したり，誰かしらはお金を出してチケットを購入するように，チケットの配り方に工夫をしたりなどもした。こうした努力により，新潟スタジアムのこけらおとしの 5 月 19 日の京都パープルサンガ（当時）戦には，3 万 1,964 人を動員し（各種報道資料を参考），この年の総観客動員数は，366,500 人，1 試合あたり 16,659 人と，今までの 5 倍近い観客同意数を記録したのである（J リーグホームページ参照）。後に，無料招待券は町内会だけでなく，株主，スポンサー，教育委員会などを介して配布されていき，潜在的なファンの掘り起こしに活用されている。無料招待券を申し込むときは，住所と名前を記載し，県内小中学校などの生徒が申し込むときは，往復はがきで申し込んでもらっている。これを顧客データとし，ダイレクトメールによるチケットの販売促進に繋げるためである。他，

シーズンチケットは，バーコード登録しているので，誰が何回来場したという情報も蓄積されるようになっている。

　2002 年には，日韓共催のワールドカップが開催され，新潟からも多数のボランティアが参加した。海外のサッカー，サポーターに触れる機会をえて，地元の人々のサッカーへの理解，熱が高まり，地元のプロサッカーチームであるアルビレックスに関心が向くきっかけとなった。2003 年には，アルビレックスの J1 昇格が決定した。その前から，「（J1 に）上がりそうだ」という機運は，新潟の人々をスタジアムへといざなう要因ともなった。こうした「追い風」の効果と，地道なファンの掘り起しにより，無料招待券の保有者は，2003 年セカンドステージでは，1〜2 割に減少した（2001 年は 8 割。数値は複数の二次資料を参考）。

1.3.　アルビレックスの地域貢献活動

　その他，アルビレックスでは，地域に溶け込む活動を展開することにより，潜在的なファンをスタジアムへといざなう努力をしている。地元の人々に，アルビレックスが身近な存在であると認識してもらうことにより，関心をもってもらうためである。一例を挙げれば，JAPAN サッカーカレッジの開校が挙げられる。同校は，廃校になった中学校の校舎を利用し，アルビレックスのフロントも講義を担当したり，同校の学生をインターンとして受け入れている。プロサッカー選手希望者に対しては，彼らを J リーグサテライトリーグやシンガポールリーグに選手として派遣しており，地元のスポーツ，スポーツビジネスの振興，ひいては地元の若者の育成に寄与している。

　他，アルビレックスでは，プロバスケット，陸上競技，野球，スキー・スノーボード，チアリーダーなどの他のプロスポーツチームとの名称の共有を推し進めている。名称を共有することにより，「アルビレックス」の名前を地域に浸透させ，地域の人たちに色々なスポーツに興味を持ってもらうことができるためである。隣接した会場でゲームを行う際は，両方を観戦する場合割引措置を行うなど，色々なスポーツに関心を持ってもらおうと努めている（小沢・長田，2003）。その他，幼稚園や小中学生だけでなく，女性，青年など幅

広い年齢層に対し実施することにより，地域の人々がサッカーに触れる機会を積極的に提供している。

　プロスポーツクラブが，その収益を伸ばしていくためには，入場料収入だけでなく，その他の収入も確保する必要がある。一例を挙げれば，放映権契約料がある。新潟ローカル局の放映するアルビレックス戦の視聴率は，高い視聴率を誇る優良コンテンツである（『企業と広告』2003年9月号）。高視聴率を獲得できるコンテンツゆえ，放映を希望するローカル局は多く，放映する局は，希望局の抽選により決定されている。その他，ロイヤリティ契約（商品化契約）料が挙げられる。スポンサーが，アルビレックスの関連商品を作ることにより，アルビレックスに発生する許認可契約料である。一例を挙げれば，亀田製菓による「Albirex 勝ちの種」（中身は柿の種），サントリーの「アルビレックス新潟オリジナルワイン」，菊水酒造の「アルビレックス缶」，新潟県農協乳業の「アルビレックス新潟・牛乳」，新潟県信用金庫の「オレンジウェーブ」などがある。

　その他の取り組みとしては，アルビレックスでは，蔦屋書店の協力の下，新潟地域の蔦屋書店でチケットを購入可能にし，その流通網を拡張させている。

2.　スポーツマーケティングとは

①　どのような製品・サービスを提供するか…Product

　プロサッカーチームの提供する製品（あるいはサービス）は何か。それはサッカーのゲームである。そこでは，良い指導者や，選手を集め，良いゲームを提供する必要がある。しかしながら，どんなに最善を尽くしても，チームが勝てるとは限らないし，良いゲームを毎回提供できるとは限らない。その意味で，プロスポーツのゲームはきわめて不確実性に富んだ性格を有するのである。しかしながら，観客は，その一度に入場料を支払うのである。そのため，プロサッカーチームを含めたプロスポーツクラブでは，勝っても負けても観客に満足して帰ってもらうような時間を過ごしてもらうことを考えなければいけないのである。すなわち，プロサッカーチームでは，観客に満足してもらうため，「プロサッカー」のゲームを

売るのではなく，いかに観客に「（楽しめる）時間」を売るかということを考えなければならないのである。その意味では，プロスポーツビジネスの従事者たちは，自分たちの事業をエンターテイメント・ビジネス，ホスピタリティ・ビジネスである捉えていく必要があるのである。様々なイベントやエンターテイメント性などを付与することにより，スタジアムを東京ディズニーランドのように楽しむことのできる場所にすることにより，家族連れの獲得や，従来はサッカーにさほど関心のなかった地域住民をリピーターにすることが可能になるのである。その意味では，いかに新潟の人々に遊園地や映画，他のレジャー，エンターテイメントに費やす時間よりも，新潟スタジアムで過ごす時間のほうが楽しいものであるかを感じてもらうことを考えなければならないのである。

　どのような製品（あるいはサービス）を提供するかを決定したら，次は，誰にそれを提供するかを決定する必要がある。松岡他（1996）などにおいても研究結果が出ているように，スタジアムから遠くに住んでいる人は，スタジアムへは中々来ない。観戦頻度が高い（ちょくちょく来ることが可能）のは，スタジアムの近くに住んでいる人々である。その意味で，潜在的な観戦者である地域住民にはたらきかけていく必要がある。「地域密着」という理念は，ここに起因するものともいうことができる。アルビレックス新潟では，上記のように，新潟県内に住む人々を自分たちのターゲットに定めている。地域の人々を「ファン」として取り込んでいくためには，サッカー以外にも楽しめる場を提供することで，家族連れなども来られるようにする必要がある。家族で「お祭り」に来て騒ぎ・楽しんでもらう感覚が必要なのであり，サッカーを好きになってもらうのはその後でも良いのである。

②　いくらで提供するか…Price

　図表3-2と，3-3が，アルビレックス新潟の入場料とシーズンチケットの料金体系である。そこでは他のクラブなどの入場料などに比べると比較的安い水準で納まっている。浦和レッズなどでは，入場料は安くとも3,000円台である（浦和レッズオフィシャルサイト参照）。アルビレックスでは，そうした安い価格でチケットを販売

している理由は何であろうか。それは，会場でのグッズ売り上げや飲食売り上げで，チケットを安くした元を取るためである。400円の焼きそばも家族4人で食べれば1,600円になり，バカにはできない。

　マーケティングにおいて重要なことがある。それは，潜在的な顧客の財布の事情に応じ，「価格帯（安いものから高いものまで価格のばらつきを作ること）」を設けることである。そうすることで，顧客は自らの購買力に応じた購買をすることが可能になる。企業にとっても，自らの製品（あるいはサービス）の購入を望む一人でも多くの人々に製品を売り，より多くの収入をあげることが可能になるというメリットがある。

　また，アルビレックスにはシーズンパス（高いものでペアで11万円台，安いもので4万円弱，22歳以下はどの席でも1万円で購入可），バックスタンドで10〜12名の団体で観戦可能で洋食オードブルや人数分の弁当が付いている1試合12〜15万円の「プレミアムビューボックス」などの座席がある。観客は，自らの試合を見るうえでのモチベーションと購買力からどの座席を購入するかを選択するのである。

③　プロモーション活動…Promotion
　いかに企業が製造している製品・サービスの質が良くても，顧客がその存在・良さに気が付かなければ，購入されることはないであろう。「プロモーション」とは，顧客に自社の製品の存在や，良さに気づいてもらう活動のことを指す。企業のプロモーション活動の代表例としては，テレビコマーシャルなどの広告が挙げられる。しかしながら，テレビコマーシャルや，広告には，膨大な投資が必要になる。そこで，アルビレックスでは，選手や地域のイベントに参加したり，サッカー教室に参加したり，地域社会へ溶け込むことで，新潟の人たちにアルビレックスを覚えてもらい，興味を持ってもらおうと努めていた。こうした活動は，選手やスタッフを媒介とした人的なプロモーション活動（人的なプロモーション）ということが参照できよう（広告は非人的なプロモーションである）。

図表 3-2　アルビレックス新潟チケット料金体系

席種名	観戦エリア	券種名	前売価格	当日価格
W1プレミアム指定席	W(メイン)スタンド1層 中央上段	大人	5200	5700
		小中高	1000	1500
W1センター指定席	W(メイン)スタンド1層 中央	大人	4200	4700
		小中高	1000	1500
W1サイド自由席	W(メイン)スタンド1層 両サイド	大人	3700	4200
		小中高	1000	1500
W2スワン指定席	W2(メイン)スタンド2層 テーブル付指定席	大人	3700	4200
W2ペア指定席	W(メイン)スタンド2層 テーブル付指定席(2席1組)	大人	7400	8400
W2指定席	W2(メイン)スタンド2層	大人	3200	3700
		小中高	1000	1500
E1センター指定席	E(バック)スタンド1層 中央	大人	3700	4200
		小中高	1000	1500
E1サイド自由席(N側)	E(バック)スタンド1層 Nスタンド側	大人	3200	3700
		小中高	1000	1500
E1サイド自由席(S側)	E(バック)スタンド1層 Sスタンド側	大人	3200	3700
		小中高	1000	1500
E2フロント指定席	E(バック)スタンド2層 前方ブロック	大人	3500	4000
		小中高	1000	1500
E2指定席	E(バック)スタンド2層 後方ブロック	大人	3200	3700
		小中高	1000	1500
E2自由席	E(バック)スタンド2層	大人	2200	2700
		小中高	1000	1500
N自由席	Nスタンド1・2層	大人	2200	2700
		小中高	1000	1500
S自由席	Sスタンド1・2層	大人	2200	2700
		小中高	1000	1500
ビジター自由席	Sスタンド1層 ビジター応援グッズ着用可	大人	2200	2700
		小中高	1000	1500

アルビレックス新潟オフィシャルウェブサイトを参考に筆者作成。

④　チケット販売網の確保…Place

　自社の製品や，サービスを購入してもらい，売上をあげるために
は，自社の製品や，サービスを購入しようとする人たちへ確実に製
品を届けなければならない。マーケティングでは，この機能を「流
通（Place）」という。アルビレックスでは，会場での販売やチケッ
ト会社による販売のほか，チケット購入専用サイト「アルビチケッ
ト」を開設し，インターネットによる販売や，コンビニエンススト
アでの販売，蔦屋書店での販売など複数の流通経路を有していた
（チケットが欲しい人にチケットが行き渡るような配慮）。

3.　おわりに

　以上，Jリーグ屈指の観客動員数を誇るアルビレックス新潟の事
例から，スポーツ経営におけるマーケティング活動，すなわち，ス
ポーツマーケティングについて見てきたが，マーケティングを考え
るにあたっては，製品（Product），価格（Price），プロモーション
（Promotion），流通（Place）の4つの活動を考えることが必要にな
ることが分かった。これらを総称して，「マーケティング・ミック
ス」，あるいは，「マーケティングの4P」という。スポーツマーケ
ティングも，一般のマーケティング活動同様，マーケティング・ミ
ックスからその活動を考えていくことが求められるのである。マー
ケティング・ミックスをベースとしてスポーツ組織における特殊性
を考えていくこと，すなわち，スポーツマーケティングには，マー
ケティング一般に見られるスキルと，スポーツビジネス特有の事象
や，現象を捉えるスキルの統合的な技能が求められるのである。

＜課題＞
　マーケティング・ミックス（マーケティングの4P）から，自分
で考えたスポーツイベントの企画，スポーツ用品の企画をしてみよ
う。

＜参考文献＞
原田宗彦編著（2008）『スポーツマーケティング』大修館書店

平田竹男（2017）『スポーツビジネス最強の教科書（第2版）』東洋経済新報社

松岡宏高・原田宗彦・藤本淳也（1996）「プロ・スポーツ観戦回数に影響を及ぼす要因に関する研究―特に，プロ野球のチーム・ロイヤルティに注目して―」『大阪体育大学紀要』第27号，51-62頁

大野貴司（2011）『スポーツマーケティング入門―理論とケース―』三恵社

小沢道紀・長田歩美（2003）「エンターテイメント・ビジネスの可能性―新潟アルビレックスの事例研究―」『立命館経営学』第42巻第1号，65-85頁

和田充夫・恩蔵直人・三浦俊彦（2006）『マーケティング戦略〔第3版〕』有斐閣

山倉健嗣・大野貴司（2005）「アルビレックス新潟」『横浜国立大学経営学部ワーキング・ペーパー・シリーズ』No.231（非公刊）

＜参考資料＞

チャネル『企業と広告』2003年9月号

＜参考URL＞

アルビレックス新潟公式ウェブサイト
http://www.albirex.co.jp/（2022.10.20アクセス）

Jリーグ公式サイト　http://www.j-league.or.jp/（2022.10.30アクセス）

公益社団法人日本プロサッカーリーグクラブ経営本部クラブライセンス事務局『2021年度　クラブ経営情報開示資料』https://aboutj.jleague.jp/corporate/wp-content/themes/j_corp/assets/pdf/club-r3kaiji_2_20220728.pdf（2022.10.20アクセス）

浦和レッドダイヤモンズ公式サイト　http://www.urawa-reds.co.jp/（2022.10.30アクセス）

第 4 章
スポーツ組織論（組織構造）

1.　はじめに

　「組織」。常日頃耳にする単語である。少し考えてもらいたい。YES か NO で答えてもらいたい。

● 企業は組織か？
● 病院は組織か？
● 学校は組織か？
● 部活動は組織か？

答えはどれも YES である。これらの「組織」であるが，何か共通点はないだろうか。企業は「自社の存続・成長」という共通目標を持ち，従業員は日々それに向けて一生懸命に働く。病院は「患者の病を治療し，心身ともに健康な生活を営んでもらう」という共通目標を持ち，医師，看護士，事務職員など病院運営に携わる人々は日々働く。学校は「生徒（学生）に社会常識や知識を教授し，社会に役立つ人材を育てる」という共通目標を持ち，教員や事務職員などの学校運営に携わる人々は仕事を行う。部活動は，「全国大会成覇」などの共通目標を持ち，部員が一丸となって練習をする。以上を踏まえると，組織とは，組織とは一人では達成できない共通の（何か大きな）目的を持った人々の集まりであると考えることができる。その大きな目標を達成するため，組織のメンバーは力を合わせ，努力する（＝協働）のである。経営者は組織の目的を達成するために，組織のメンバーから協働意欲を引き出さなければならない（＝組織のメンバーをやる気にさせる）。バーナード（1938）によれば，組織とは「共通目標」，「貢献意欲」，「コミュニケーション」という 3 つの性格を有する人間の集合体であるという。

組織を効率的に動かし，その目標を達成させるためには，皆が皆同じことをしていても非効率的になるので，それぞれの役割を決め，皆が皆同じように物事を決定出来たら組織が機能しなくなるので，それぞれがどの程度の決定ができるのかを決める必要がある。前者は「役割の決定」であり，後者は「権限の決定」である。組織が機能するためには，組織のメンバーの役割を権限を決める必要がある。それを決めるためには，本章のテーマでもある組織構造を決定し，それぞれの組織メンバーをどこに配置するのかを決める必要があるのである。組織構造は，目に見えるかたちでは組織図などの形であらわすことが可能である。以下，本章では経営組織論を参考にスポーツ組織における組織構造を紹介していく。

2.　具体的な組織構造

（1）　職能部整組織

　営業，開発，経理，人事など担当する仕事ごとに部署を作り，経営者がそれを管理する組織構造のことである（図表 4-1 参照）。次章で詳述する北海道日本ハムでは，業務内容を細分化し，業務内容ごとに部署を作ることで，多くのリーダーを作り，彼らに業務に関わることを自由に意思決定できる権限を与えている。以下，職能部制組織の利点と問題点を紹介したい。まず利点は，同じ職務に従事するので専門家の育成が容易であり，各部署・スタッフの専門性を活かしやすいことが挙げられる。次に，短所であるが，まず一点目の問題点は，組織に居る各々のメンバーが自分の専門の仕事に従事するため，組織全体を見渡せる人が経営者しかいなくなることがある。それはすなわち経営者にかかる負担が大きくなることを意味する。二点目の問題点は，後継者育成が困難になることが挙げられる。経営者には組織全体を見渡すことができる人間でなければならないため，自分の限られた範囲の職務に専念する職能部制組織では組織全体を見渡せる人材を育成することが困難であるためである。三点目の問題点は，各部門に共通した業績評価の指標を持てないことがある。その意味では，職能部制組織による運営の下では，それぞれの部門の職務や個々の組織メンバーの職務の有効や能率性を正

図表 4-1 北海道日本ハムファイターズの組織構造

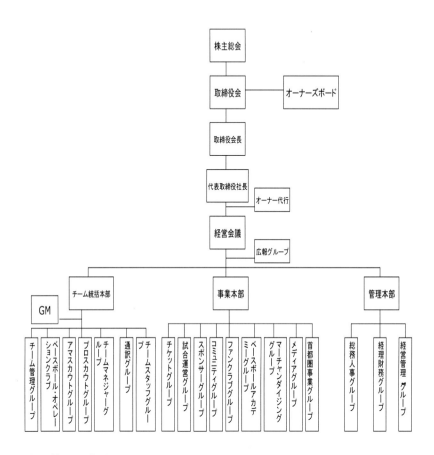

出典:『SMR』第 4 号, 44 頁

確に把握することが難しいといえる。最後四点目の問題点は, 組織
メンバーが自らの限られた職務に専念するゆえ, セクショナリズム
を誘発しやすいことが挙げられる。それぞれが組織の全体最適を目
指すのではなく, 自分の仕事や部署の成果の達成という部分最適を
目指すようになってしまうということである。

　これらの問題点は必ずしも発生するわけではないが, 企業規模の
拡大により発生しやすくなる。その意味では, 比較的小規模な組織

において採用される組織構造であるといえるが，わが国のプロスポーツ組織においては，職能部制組織の下で運営されているクラブが多いといえるが，その規模が拡大していくにつれ，主流となる組織構造もまた変わっていくのかもしれない。

（2）　ライン・アンド・スタッフ組織

　ライン・アンド・スタッフ組織とは，専門知識を持った者を「スタッフ」として独立させ，直接的な指揮・命令系統（ライン）とは別に，助言や援助を行わせる組織構造である。経営者の負担をスタッフがシェアリングすることにより，経営者本来の業務に専念させ，スタッフが現場の相談に乗り，知恵を与えることにより組織の活性化を目指した組織構造であるといえる。

　千葉ロッテマリーンズでは，他業種でのビジネス経験豊富な人材を集め，彼らを経営企画室へ配属し，球団社長へ提言をさせたり，各部署へアドバイスをさせたりしている。その意味では，千葉ロッテでは経営企画室がスタッフ機能を果たし，経営者を支え，現場に知恵を与えることにより，球団の活性化を実現しているといえる（図表 4-2 参照）。

　ライン・アンド・スタッフ組織の一点目の利点としては，経営者への負担の軽減が挙げられる。スタッフが経営者の役割の一部を担うことにより，経営者の負担を軽減し，経営者は本来の業務に専念することが可能になるのである。二点目の利点としては，専門的知見の組織的活用が挙げられる。現場の部署がスタッフの専門的知識を活用し，自らの業務を効率的に進めていくことが可能になるのである。

　ライン・アンド・スタッフ組織の問題点としては，スタッフと現場の間でコンフリクト（いさかい）が生じる危険性があることである。現場の仕事ややり方にスタッフが口を挟んできた場合に，現場がそれを快く思わず反発する危険性や内心不満を抱えたままその助言や命令を受け入れる可能性がある。その意味では，こうした短所を克服していくためには，経営者がスタッフの役割や権限について現場のメンバーに知らせたうえで，スタッフの権限について認めさせる必要がある。

図表 4-2　千葉ロッテマリーンズ組織図

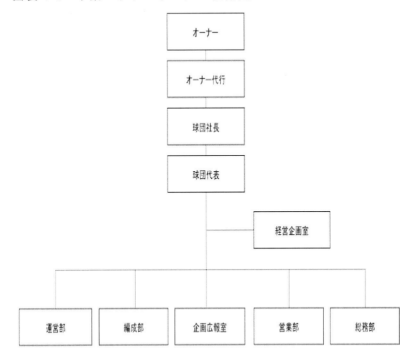

出典：小寺（2009），38 頁

（3）プロジェクト組織

　プロジェクト組織とは，特定の企画・課題を実施するために，特別に編成された組織のことである。プロジェクト組織の人材は部署を越えて集められ，プロジェクトの目標を達成したり，一定の期間が終了したら解散する期間限定の組織である。

　スポーツビジネス領域におけるプロジェクトの事例としては，東京ヤクルトスワローズの「F プロジェクト」が挙げられる（現在は既に解散）。F プロジェクトは，同球団で長らくキャッチャーとして活躍した古田敦也が監督に就任した 2006 年度に立ち上がった，古田を中心とするファンサービスのためのプロジェクトのことである。同プロジェクトは，社内のスタッフだけでなく社外の専門家も招聘し，ファンサービス改革を実行した（『SMR』第 1 号）。

Fプロジェクトでは，青木デー，藤井デーなど特定の試合に選手の名前をつけ，選手を主人公にする「選手デー」や，メガネを着用している観客に対し，プレゼントをする「メガネデー」，「青山まつり」への協力，球団職員の協力やパレードに，球団マスコットのつば九郎や，つばみを参加させる形での神宮球場の地元，青山商店街主宰の祭りへの協力，古田監督や選手による青山商店街，小学校，中学校等の訪問，試合勝利後の選手とのハイタッチ，トイレ，売店のリニューアルなどの神宮球場の改修，スタジアムツアーの開始，公式ボールのプレゼント，3試合分のスタンプで選手の直筆サインや液晶テレビプレゼントなどの新定番サービスなど，様々なアイディアを企画・実行化し，その過程の中で，古田は自らが主導する形で，選手・フロントのファンサービスの意識を変えていった（『SMR』第1号）。

　プロジェクト組織の利点としてまず挙げられるのは，それぞれの部署から必要な専門家を集めることが可能なため，目標達成のための効率の良い組織運営が可能なことがある。すなわち社内の「ドリームチーム」を結成し，目的達成のために動くことができるのである。二点目の利点としては，プロジェクトに必要な人数だけを集めることが可能なことがある。目的達成に必要な人員で事に当たることが可能であり，柔軟な人員構成による目的達成に向け動くことが可能になる。

　プロジェクト組織の問題点としては，まずはプロジェクト組織とプロジェクトメンバーが所属している部署で生じるコンフリクトが挙げられる。プロジェクトに参加する人は，プロジェクトと，所属組織の2つの組織に所属することになるわけであるが，それぞれが個人に異なる命令を与える場合もあり，個人はその板挟みで悩んだり，あるいはプロジェクト組織と所属部署はぶつかりあう可能性もある。同じ会社とはいえ，異なる組織であり，その目的も異なるゆえに生じる問題である。二点目の問題点は，プロジェクト終了後，プロジェクトの参加者が元の所属部署にすんなり適応できるとは限らないことが挙げられる。その意味では，本来の所属部署の管理者がプロジェクトの参加者が元の所属部署に適応できるような配慮をすることが求められる。

（4）事業部制組織

　事業部制組織とは，地域や販売する製品ごとに部署が設けられて
いる組織のことである。各事業部は，販売・開発・経理・製造など
の企業として有するべきすべての機能を有している。その意味では，
各事業部はミニ企業ということができ，それを統括するのが経営者
（本社）の役割となる。日本では 1933 年に松下電器産業がはじめ
て採用している。

　スポーツ用品メーカーのミズノは，野球，ソフトボール関連の製
品の開発，生産を行う「ダイアモンドスポーツ事業部」，ランニン
グ，ウォーキング，アウトドア，健康グッズなどの開発，生産を行
う「ライフスタイルスポーツ事業部」，ゴルフ用品の開発，生産を
行う「ゴルフ事業部」，サッカー，卓球，陸上，テニス，バレーボ
ール，バドミントン，ミズノでは武道などのスポーツ用品の開発，
生産を行う「コンペティションスポーツ事業部」，スポーツ施設運
営，公共施設運営受託，各種スポーツプログラム開発を行う「スポ
ーツ施設サービス事業部」という 5 つの事業部を有しており，各事
業部がそれぞれ製品開発を行い，製品を顧客に販売し，本社がそれ
ぞれの事業部の統括・管理をするとともに，全社的な経営戦略を策
定している（「ミズノのデジタルマーケティングプラットフォーム
を支えるクラウド」参照）。

　事業部制組織の利点としては，まずは各事業部が企業として必要
な活動を有しており，事業活動を行うことができるがゆえ，各事業
部ごとの利益計算が容易であり，事業部ごとの業績比較が容易なこ
とが挙げられる。二点目の利点は，事業部制組織自体が一つのミニ
企業であり，事業部長は全体を見渡しながらマネジメントを行って
いく必要があり，その経験の中で経営者として必要な経験を積むこ
とができるゆえに，後継者の育成が容易なことが挙げられる。三点
目の利点は，現場が事業部として事業活動を行い，事業部長が事業
全体を統括するがゆえに，本社は経営戦略の策定や各事業部の調整
や統制，業績評価など，本社業務に専念できることが挙げられる。
四点目の利点としては，多角化の移行が容易なことが挙げられる。
進出したい事業領域で事業部を設立し，そこに経営資源を投入し，
権限を与えマネジメントさせていくことにより，効果的な多角化の

実践が期待できる。

　事業部制組織の問題点としては，まずはそれぞれの事業部が企業として必要な機能を備えるがゆえ，重複投資がおきやすいことが挙げられる。二点目の問題点は，それぞれの事業部に大きな権限が与えられ，本社は管理機能と経営戦略業務に重視するがゆえに，本社の統制力の弱まりが挙げられる。本社の統制力が弱まることにより　，各事業部が独走する危険性も否定できない。三点目の問題点としては，各事業部はミニ企業としてその目標達成に向けて動く存在であるがゆえ，各事業部同士においては，同じ企業であるという「仲間意識」に欠けるがゆえ，事業部間の交流がおきづらいため，複数の事業部にまたがるようなプロジェクトは実行されづらいことが挙げられる。すなわち，同じ企業であるという特性を生かした事業部間連携による協調が生まれづらいことが挙げられる。

　このような問題点はあるものの，事業部制組織は大規模組織を管理するのに適した組織形態であり，多くの現代の大企業において採用されている組織構造である。

3.　おわりに

　以上，本章ではスポーツ組織がその目標達成のための採用している組織構造について検討した。スポーツ組織はその存続・成長のために，その規模や目的に応じてその構造を変えていく必要がある。それこそが組織メンバーを適切に動かし，その能率を高め，業績を高めていくことに繋がるといえる。

＜課題＞

　実際の企業や非営利組織の組織構造を調べ，その組織の活動や目的からその有効性・効率性を確認してみよう。

＜参考文献＞
Barnard, C. I.（1938），*The Functions of the Executive*, Harvard University Press.（山本安次郎・田杉競・飯野春樹訳『経営者の役割』ダイヤモンド社，1956 年）

稲葉祐之・井上達彦・鈴木竜太・山下勝（2010）『キャリアで語る
　経営組織―個人の論理と組織の論理』有斐閣
小寺昇二（2009）『実践スポーツビジネスマネジメント―収益を劇
　的に高めるターンアラウンドモデル―』日本経済新聞社
大野貴司・神谷拓・竹内治彦編著（2011）『体育・スポーツと経営
　―スポーツマネジメント教育の新展開―』ふくろう出版
高橋正泰・山口善昭・磯山優・文智彦（1998）『経営組織論の基礎』
　同文館出版

＜参考資料＞
ブックハウス・エイチディ『SMR』第 1, 4 号

＜参考 URL＞
ミズノのデジタルマーケティングプラットフォームを支えるクラ
　ウド
　https://media.amazonwebservices.com/jp/roadshow2015/osaka/key
　-03.pdf（2022.10.30 アクセス）

第 5 章
スポーツ組織論（モチベーション）

1.　はじめに

　前章で述べたが，組織とは，組織とは一人では達成できない共通の（何か大きな）目的を持った人々の集まりである。その大きな目標を達成するためには，前章で検討したように組織メンバーの役割と権限を決めることがまず必要である。しかしながらそれだけでは組織は機能しない。組織を機能させ，その目標を達成していくためには，組織メンバーのやる気を高めなければならない。組織メンバーのやる気が低い状態であれば，彼らは仕事を頑張ることはしないであろうし，進んで同僚や組織へ貢献することはないであろうし，組織は目標を達成することはなくなる。その意味でも，組織が真に機能していくためには，組織メンバーのやる気を高めていく必要があるのである。

　では，組織のトップ（経営者）は，どのようにして組織メンバーの「やる気」を引き出していけば良いのであろうか。これを本章の課題としたい。

2.　北海道日本ハムファイターズの事例

　北海道日本ハムファイターズ（以下日本ハム）は，北海道札幌市に本拠地を構えるプロ野球球団である。今ではプロ野球における人気球団のひとつであるが，ご存知の方も多いと思うが，それまでは東京都に本拠地を構えており，読売巨人軍とともに，東京ドームをメインスタジアムとし，併用していた。巨人軍＝プロ野球という国民のイメージに陰りが見え始めているとはいえ，球界の盟主である

図表 5-1　北海道日本ハムファイターズ球団概要

リーグ参加	1974 年～
筆頭株主	日本ハム株式会社
野球協約が定める保護地域	北海道
本拠地	札幌ドーム（収容人員 41,484 人）※
リーグ優勝回数	7 回（1962, 1981, 2006, 2007, 2009, 2012, 2016）
日本一回数	3 回（1962, 2006, 2016）
観客動員数（2022 年）	1,291,495 人

※　2023 年からは ES CON FIELD HOKKAIDO に移転予定。
　各種報道資料を基に筆者作成。

　読売巨人軍の人気に遠く及ばず，2001 年～03 年シーズンは不振続き（6 位・5 位・5 位），明確なスター選手がおらず，外国人中心のチーム編成であり，それまでの日本ハムはあまり良いところがなかった。2003 年の札幌ドーム完成後，チームは北海道に移転し，「道民球団」（地域密着）のチーム構想を打ち上げた。日本ハムでは，Jリーグクラブのセレッソ大阪も経営をしており，同クラブはドイツのプロサッカーリーグ，ブンデスリーガに所属するバイエルン・ミュンヘンとアドバイザリー契約を結んでおり，プロスポーツ経営に関するノウハウを学びながら，それをJクラブ経営へと活かしていた（藤井，2011）。その中で，日本ハムの社内において，プロスポーツは地域に根付きながら発展していくべきであるという考え方が芽生え，北海道へとプロ野球球団を移転させるという決断へと踏み切ることになったのである。以下，北海道日本ハムの経営活動を見ていくこととしたい。

（1）地元出身者の雇用

　第 1 章でも述べたが，プロ野球の球団職員は，球団が直接募集・採用活動を行うというよりも，一般的には，親会社からの「出向」という形が取られている。この形態では，球団運営を行うフロント

が，スポーツやスポーツビジネスに関する知識や熱意，球団への愛着を欠いているということも多々起こりうる。一方，北海道日本ハムでは，日本ハムからの出向社員はわずか4名に留め，他の職員は地元出身者を雇用している（『SMR』第4号）。

　彼らは，北海道で生まれ育っているため地元への愛着は強い。非道民である出向職員よりも「北海道のために」，「北海道日本ハムのために」という意識は強い。北海道日本ハムでは，「地元のために何かをしたい」という熱い志を持った地元出身者を積極的に採用したのである。そうすることで，組織目標達成へのモチベーションの高いメンバーの確保に成功したのである。

（2）各部署・各社員の目標設定

　今までの日本ハム球団では，球団経営において赤字を出したとしても，親会社である日本ハムがその経営赤字を「広告費」の名目で処理してくれたため，かろうじて株式会社としての体裁を保てていたというのが実情である。赤字を出しても，親会社がそれを処理してくれていたため，職員の間には明確な目標が存在しなかった。人間は目標がなければ，ただ漫然と仕事をこなして時間を潰すだけの存在になってしまう。人に仕事を頑張らせるためには，何か目標が必要である。

　そこで，北海道日本ハムでは，各部署，各社員にそれぞれ達成すべき目標を設定させた。具体的には，球団経営で赤字が出たら，親会社がそれを補填するという契約を解消し，親会社の日本ハムには一スポンサーになってもらった。そうすることで，球団経営を成り立たせるためには，いくらの売上をあげなければいけないかを社員一人ひとりが真剣に考えるようにさせたのである（『SMR』前掲号）。

　自社の存続・自分の仕事の存続がかかっているため，社員は目標を設定し（多少高いハードル），その目標達成のため，真剣に取り組まざるを得なくなったのである。

（3）組織構造

　組織においては，誰がどのような仕事をするのか，誰が何について決めることができ，誰がそれについて責任をもつのかという役割

分担や責任の所在を決めることが大事である。それぞれが，自分の役割を果たしながら，組織の目標達成を目指すことが求められるのであり，それが個人による目標達成とは違う部分である。組織では前章で検討した「組織構造」を決定することにより，各自の仕事内容，責任を決定することが可能になる。具体的には，北海道日本ハムでは，セレッソ大阪，バイエルン・ミュンヘンの組織を参考に，従来の「縦割り」組織を廃止し，セクションを細かく分けて全てのセクションを並列させ，23 のグループを並列させた（『SMR』前掲号）。ねらいは，社員の責任と権限の明確化である。図表 4-2 が日本ハムの新組織の概要である。

（4）チーム編成

2005 年に，日本ハムで監督経験もある高田繁を GM に，トレイ・ヒルマンを監督に招聘する。高田・ヒルマンにチーム（選手）の編成権を大幅に委譲し，現場の動き・状況に応じたチーム編成が組めるよう努めた。

他，スタッフからの提案制度（稟議制）により，スカウティングシステムである BOS（Baseball Operation System）システムを導入した。BOS システムとは，全国のスカウトが有望選手の走攻守に加え，性格までも細かく分析し，点数化したものである。このデータは，コンピューターに集計され，球団関係者は誰でも閲覧可能にした。それにより，創価大八木智哉やシダックス武田勝など隠れた逸材の獲得に成功したのである（『SMR』前掲号）。

（5）二軍選手の育成

二軍コーチが，「選手とのコミュニケーション」，「選手の状態」，「選手の評価」などを評価したレポートを球団に提出し，このデータを踏まえ，月 1 回，二軍コーチと，球団統括本部長，高田 GM ミーティングを行うことで，二軍選手の育成や，チャンスの提供に努めた（『SMR』前掲号）。
この制度により森本稀哲，ダルビッシュ有などの若手選手に活躍の機会が提供されることとなる。彼らのその後の活躍は，周知の通りである。

また，北海道日本ハムでは一軍が北海道で活動する一方で二軍の本拠地は千葉県鎌ケ谷市にあり，それにより選手たちは一軍昇格の際には長距離の移動が強いられることになるが，関東圏のファンを開拓できるメリットもある。二軍の本拠地である鎌ケ谷スタジアムは，球場内にプールや茶畑を作ったり，随所にファンを飽きさせない工夫をしている（平田，2017）。

図表 5-2　北海道日本ハムファイターズの組織図（再掲）

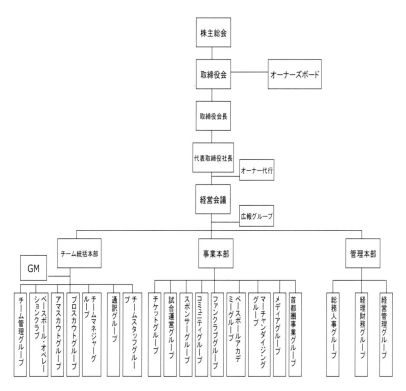

出典：『SMR』前掲号，44 頁

（6）選手の意識改革

　少ない点数を全員で守りきる「スモールベースボール」の実践を目指すとともに，選手の意識を徹底した。他，ファンサービスも年

俸の査定にすることで，自発的に選手に入場者をお出迎え，毎試合サイン会などを積極的に行わせたり，新庄剛志，森本らの選手発案のパフォーマンスを行わせることに成功した（奈良，2007）。

　北海道日本ハムでは，他にも，モチベーションの高い選手とフロントによる，観客を集めるための数々の企画やパフォーマンス（入場料の割引措置や日本ハム OB による野球教室，ファンイベントの開催など）が行われており，それがファンの獲得，ロイヤリティの維持，向上に貢献していると考えられる。

　事例の最後に，繰り返しになるが，北海道日本ハムでは 2023 年をめどに新球場の新設を目指している。平田（2017）は，新球場の完成により同球団の最大の弱点である球場オペレーションを手に入れることができるとしている。すなわち，第 1 章で検討した東北楽天や横浜スタジアムの運営会社を子会社化した横浜 DeNA ベイスターズのように球団とスタジアムが一体となった経営を展開していくことができるようになるということである。今後の北海道日本ハムファイターズの動向に注目したい。

3．スポーツ組織のモチベーション

　ここでは，スポーツ組織の組織論についてモチベーションの視点から考えていきたい。「モチベーション」とは簡潔に言えば，人のやる気を高めることである。「動機付け」とも言われる。

（1）外発的動機付け

　どのように組織メンバーのやる気にさせていくのか。一番簡単な方法は昇給や昇進など目に見える形で褒章を与え，組織メンバーのやる気を高めていく方法である。自分の内面からではなく，自分の外部から誘因を与えやる気を高めていく方法である。それゆえ，このやり方は「外発的動機付け」と言われる。古くは，経営学の始祖であるフレデリック・テーラーの「科学的管理法」においても，欠陥品なくノルマを達成した作業員には高い賃金を与えることにより，その意欲を引き出すことを試み，その作業効率を高めることに

成功している。近年では，従来の日本企業で支持されてきた年功序列型の昇給ではなく，「成果主義」の名の下に高い業績の達成に貢献した従業員を昇給させたり，昇進させることによりそのやる気を高めようとする企業も多い。こうした視角に立った場合は，人間は強制されてはじめて真剣に仕事に取り組もうとするとするマグレーガー（1960）の「X 理論」の人間観に立ったモチベーションの管理がなされるものと考えられる。

　このように外発的動機付けは一定の有効性を有する。しかしながらドラッカー（1974）は，物質的報酬というアメは，労働者の物質的な期待を限りなく増大させるに過ぎず，それだけでなく，労働者間の不公平感をもたらし，働く者同士を分裂させ，多くの労働者を組織や経営者，管理者と対立させる立場に追いやるものにすぎないとしているようにあくなき要求を生み出すものであり，それのみに依存した動機付けでは限界があると言えよう。これこそが，「性悪説」の観点に立つ人間観の X 理論の限界であると言える。

　さらに言えば，企業におけるお金やポストは有限であり，全ての社員の頑張りに給料アップや昇進という形で報いることは不可能である。では，どうすれば良いのであろうか。

（2）内発的動機付け

　次に紹介したいのが，外部からやる気を高める要因を与えるのではなく，自分の内面にやる気を高める要因を与える方法である。自分の内面にやる気を高める要因を与えるゆえ，この方法を「内発的動機付け」という。ここでは，内発的動機付けのひとつとして，マズロー（1954）の「自己実現欲求」という概念を紹介したい。

　自己実現欲求とは，マズローによると「人間は元々成長したい，能力を向上させたい，自分の能力を使い人のため，社会のために何かしたい」という欲求である。マズロー（1954）によると，自己実現の欲求は人間が本来持っている（はずだ）とされる欲求であるが，人間の有する欲求の中で一番高い次元の欲求であるという[1]。北海

---

[1] しかしながら，マズロー（1954）の「欲求五段階説」に見られるように，自己実現欲求は人間における高次元の欲求であり，それよりも低次元の欲求（生理的＝衣食住など生きる上で必要な欲求，安全＝不安や危険を避ける，親和＝愛情や所属，自我＝他人から賞賛や尊敬

道日本ハムの社員や選手ならば,「日本一になりたい」,「北海道の
ファンを盛り上げたい」,「スタジアムを満員にしたい」という欲求
がそれであろう。組織メンバーが,こうした欲求を持てるよう,管
理者（経営者や GM,監督）が,組織メンバーをバックアップして
いく必要があり,それこそが,リーダーの役割なのである。これは
マグレガーのいうところの「Y 理論」（人間は強制されずとも,進
んで人の役に立とうと懸命に働く）に立った人間観である。東北楽
天や,千葉ロッテに見られるフロントの一般公募の盛況ぶりを見る
限り,スポーツ業界においては,最初からモチベーションの高い人
が多く,「自己実現（スポーツ界や,地域のために何かしたい）」を
求めている人が多いのではないかとも考えることもできる。こうい
う人たちには,自己実現に繋がるようなやりがいのある仕事を与え,
自ら目標を設定し,それを達成させていくことが,モチベーション
の向上に繋がると言える。その達成の手助けをすることが経営者で
あり,管理者の役割なのである。

　しかしながらこのようなやり方は,部下に多くの責任や権限を与
える方法であり,経験の浅い部下には非常に「重い」行為であると
言える。その意味では,ドラッカー（1974）も論じているように「自
由」とは非常に重い行為であるということができる。それゆえに,
少なくない部下がこの自由という重い行為を放棄し,服従を求めて
しまうのである。管理者の役割は,この自由という重い行為が担え
るようサポートしていくことであると言える。すなわち,ドラッカ
ー（1974）も論じているように,責任とは,部下が一方的に担うも
のではなく,部下と上司の相互行為なのである。上司のサポートが
ありはじめて成り立つ行為であるということができよう。

4.　おわりに

　以上の議論を踏まえると,北海道日本ハムファイターズの成功要

をされたい）が充足されていない場合には,個人は自己実現欲求を有することはない。なお,
生理的欲求が一番低次の欲求であり,安全,親和,自我,自己実現と,人間の欲求は高まっ
ていく。この欲求は,当然個人差があり,組織をマネジメントする人間はこのことを認識し
た上で,組織における個々のメンバーに対応して（接して）いくことが求められる。

因は，
① モチベーションの高い地元出身の人材の雇用
② 各々の専門性を発揮できるような組織構造の設計
③ 社員や選手の自己実現を可能とするような「目標設定」による管理
④ 社員や選手の自己実現欲求の充足を可能とした藤井純一社長（当時），ヒルマン監督（当時），高田 GM（当時）のリーダーシップ

の 4 つに集約することができるのではないであろうか。すぐ思いつくところである新庄を初めとする，選手やフロントによる，多くのファンを集めた数々のパフォーマンスは，こうした努力を土台としたものと考えることができる。以上を踏まえると，北海道日本ハムファイターズの成功要因は，「組織の力」，すなわち組織マネジメント力と考えることができるのではないか。その意味でも，企業や組織が成功するにはマーケティングのみでは十分でないことを北海道日本ハムファイターズの事例は証明してくれているのである。

＜課題＞

　組織理論を応用しながら，あなたのまわりの組織（ゼミ，部，アルバイト先など）をより良くする方法を考えてみよう。

＜参考文献＞

Barnard, C. I.（1938）, *The Functions of the Executive*, Harvard University Press.（山本安次郎・田杉競・飯野春樹訳『経営者の役割』ダイヤモンド社，1956 年）

Drucker, P. F.（1974）,*Management : Tasks, Responsibilities, Practices*, Harper & Row.（上田惇生訳『マネジメント〔上〕・〔中〕・〔下〕』ダイヤモンド社，2008 年）

藤井純一（2011）『地域密着が成功の鍵！　日本一のチームをつくる』ダイヤモンド社

平田竹男（2017）『スポーツビジネス最強の教科書（第 2 版）』東洋経済新報社

Maslow, A. H.（1954）, *Motivation and Personality*, Harper and Row.（小口忠彦監訳『人間性の心理学』産業能率短期大学出版部，

1971 年）

McGregor, D.（1960）,*The Human Side of Enterprise*, McGraw-Hill.（高橋達雄訳『企業の人間的側面』産業能率短期大学出版部，1970年）

奈良堂史（2007）「プロ野球のゼネラル・マネジャー（GM）に関する研究―戦略形成プロセスの視点から―」日本経営学会第 81回大会報告資料

大野貴司（2010）『プロスポーツクラブ経営戦略論』三恵社

大野貴司（2011）「スポーツ組織論」大野貴司・神谷拓・竹内治彦編著『体育・スポーツと経営―スポーツマネジメント教育の新展開―』ふくろう出版，75-81 頁

大野貴司・奈良堂史（2010）「『社会的構築』を中核概念とするプロスポーツクラブの戦略形成理論の構築」『中部大学人文学部研究論集』第 23 号，59-80 頁

大野貴司（2014）『人間性重視の経営戦略論―経営性と人間性の統合を可能とする戦略理論の構築にむけて―』ふくろう出版

高橋正泰・山口善昭・磯山優・文智彦（1998）『経営組織論の基礎』同文館出版

＜参考資料＞

ブックハウス・エイチディ『SMR』第 4 号

第6章
スポーツ経営におけるリーダーシップ

1. 大松博文のリーダーシップ[1]

　大松博文は, 女子バレー全日本チームの監督として同チームを前
回の東京五輪で金メダルへと導いたバレーボール指導者であり, 全
日本チームは普段彼が指導している日紡貝塚女子バレー部であっ
た。日紡貝塚退社後は周恩来の要請により中国女子バレーの指導に
当たり, 同国女子バレーの基礎を築き, 帰国後は, 全国を回りママ
さんバレーの普及に当たる。衆議院議員も1期務めている。

　大松の指導の特徴は徹底したハードトレーニングである。大松は
日紡貝塚の選手たちは終業後の16時から毎日1日8時間（後に10
時間に延長）のトレーニングを365日休むことなく行わせた。

　練習は骨折, 生理痛でも決して休ませず,「鬼の大松」とも呼ば
れた。大松はなぜそこまで選手に練習をさせたのか？

　その理由を大松は, 日本人と欧米人の体格差にハンデがあり, 国
際大会で勝利を収めるためには, それを克服する必要があったため
であるとしている（大松, 1963）。

　それだけでなく, 日本のバレーボールチームはソ連などの海外の
チームとは違い, 競技に専念できる環境はなく, 企業スポーツとし
て, 業務を終えてから行わなければならない。ソ連などの強豪チー
ムに国際試合で勝利を収めるためには, 彼らよりも長く厳しい練習
をする必要があると大松は考えたのである（大松, 1963：新, 2013）。

　また, 新（2013）などは, 大松は, 選手の女性性を否定し, 生理
などの際にも練習を休ませなかったことを指摘し, スポーツをする

---

[1] 本節は, 拙稿（2017）の一部に加筆修正を施したものである。

上で不利となる女性的身体を保護するものではなく，克服するものとして位置づけたことを論じている。生理だけではなく，怪我，病気も同様で，骨にヒビが入った状態や全治1か月と医師に診断された際も大松はそれにより練習を休ませることはさせず，そういう状態の選手にも猛練習を課した（大松，1963）。以下，怪我や病気で練習をなぜ休ませなかったのか，大松の言葉を引用したい。「ケガを恐れるより，ケガになれてしまえ。練習で鍛えあげて，からだを慣らし，ケガをしても，それに耐えられるように，なお練習をかさねるのだ」（大松，1963：57）。また，大松は選手の生理についても以下のように述べている。「わたしには選手がそのときだと，すぐにわかります。練習でかく汗も，みんなのとはちがって，あぶら汗をかいています。それでもかまわず，一年，二年と練習の日を重ねていくうちに，おなかが痛いことは痛くても，練習は同じようにやれるからだに，変わってしまう」（大松，1964：115）。

　長期間・長期間の猛練習は求道的な側面も存在する。大松は，技能を向上させ，試合で勝利を収めるためには，一日の休み（怠り）もなく猛練習をすることが最善の手段であると信じており，一日の休みはそれだけ技能を後退させると信じていたのである（大松，1963）。こうした猛練習は，試合中の「迷い」を払拭する効果もあると大松は指摘している（大松，1974）。大松（1974）は，迷いとは，練習の不足，不徹底から来ることが多いと指摘している。

　そして大松（1963）は，試合で勝利を収めるためには，こうした長時間・長期間の猛練習と並行し，絶対に勝つという信念，つまりどのような困難にもめげない精神力が必要であると指摘している。それこそが体力の限界を超えるハードトレーニングに耐え，敵に勝る技術力を身に着けることを可能にするのである（大松，1963）。こうした「なせばなる」という精神は，第二次世界大戦中の日本軍従軍時代に培われたものであると大松本人は述べている。大松は，日本軍時代にインパール作戦に参加しており，数少ない生還者でもあった。大松はその体験の中で，信じたことに邁進して動じない図太さ，いかなる肉体的困難も精神力によって克服できるという信念を得たと述べている（大松，1963）。

　このように，大松は長時間・長期間のハードトレーニングにより，

選手たちの技能と精神性を向上させ、「アマチュアであること」、「日本人であること」、「女性であること」というハンデを乗り越えさせようとしたのであり、大松の指導の下、長時間・長期間の猛練習を積み重ねた日紡貝塚の選手たちは、大松が考案した「回転レシーブ」やネットを超えると急に落ちるように見える「木の葉落とし」などの新技を会得し、抜群のチームワークで、体格に劣るソ連を破り、東京五輪で金メダルを取得し、「東洋の魔女」の名を全世界に轟かせたのである。

　大松のこうした成功は、同じく東京五輪で金メダルを取得したレスリングの全日本チームの監督であった八田一郎の指導と併せて、全国のアマチュアスポーツの指導者に長時間・長期間のハードトレーニングこそが最善のスポーツ指導法であることを認識させ、自分自身の指導法こそが正しい指導法であると再確認させることに繋がったのである。

　最後に大松はただ長時間・長期間の練習さえしていれば選手の技能が向上し試合に勝利できると確信していたわけではないことを付記しておく。大松は、ひとつの動きを選手に習得させる際にもあらゆる場面を想定し、選手に対処できるようにさせたこと（大松、1963）、東京五輪に向けた練習では、ライバルであるソ連のチーム力を分析したうえで、レシーブ力、攻撃力、サーブ力でそれぞれ上回るためにどのような能力を高め、また身に着け、どのような練習をしなければいけないのかを考えたうえで、選手たちにハードトレーニングを行わせていた（大松、1964）。また大松は指導者が選手を率いるためには、自らが率先して行動し選手たちに範を示すことが重要であるとし（大松、1963、1964）、コートでは自らが率先し、汗をかき、人一倍動いていた。そうした大松の行動こそが選手たちに「自分も頑張らねば」という気持ちにさせていたことは想像に難くない。

2. 岩出雅之のリーダーシップ[2]

　岩出雅之（帝京大学スポーツ医科学センター教授）は 1996 年から 2022 年まで帝京大学ラグビー部の監督を務め，大学ラグビー選手権で 9 回優勝し，同部を名実ともに日本有数のラグビー部に成長させた指導者である。同部は堀江翔太，中村亮土，流大，姫野和樹，坂手淳史，ツイヘンドリック，松田力也などのラグビー 2019 ワールドカップ日本代表選手を輩出している。

　まず同部は自らの目標を「W ゴール」と定めている。W ゴールとは，大学のゴールと社会のゴールである（大山，2018）。

　岩出は，ラグビーは手段であり，部員が卒業後，社会人となり，周囲の人たちからも愛され，信頼され，幸せに人生を生きていけるように，大学 4 年間，ラグビーを通して人間的に成長してもらうことが目標であると述べている（岩出，2018）。このように，岩出は，同部の部員たちに競技者として人間として成長することを願い，ラグビーはその手段であり，部は部員たちが成長していくための器であると考えている。

　次に具体的な運営について見ていきたい。帝京大学ラグビー部では，自らを「体育会系イノベーション」と称しており，一般の大学運動部とは異なる運営から勝ち続ける組織づくりを目指している。最大の特徴は，四年生が部内の食事当番，毎日の掃除，アイロンがけなどのテーピングの在庫管理や発注，ウェイトトレーニング場の部の管理や，他校の試合のビデオ撮影などのスカウティング，定期的な地域の清掃，会計などの部の雑用や運営業務をこなし，一年生が雑用から解放されている点である。帝京大学ラグビー部では，上級生に行けば行くほど雑用や部の運営業務を担わなければいけない仕組みとなっており，一年生が雑用をこなす一般的な運動部のあり方とは異なっている。これを岩出は，上級生は部や練習，大学の授業にも慣れ，精神的に余裕がある反面，一年生は部や練習，大学の授業にも慣れておらず，精神的な余裕がなく，そうした状況で雑用を担った場合，勉学やラグビーに向けられるエネルギーが枯渇し

---

[2] 本節は拙稿（2018）の一部に加筆修正を施したものである。

てしまうためであるとしている（岩出，2010，2018）。

　一年生には雑用を免除されることでできた余裕を「自分づくり」に充てさせている。「自分が将来どうなりたいか」という目標を，短期（1年），中期（大学），長期（社会人）の三つに分けて考えさせ，そこに到達するためにはいつから何を準備すれば良いかを洗い出させている。短期レベルで言えば，具体的な行動目標や体づくりの数値目標を設定することになる。そうすることで，一年生の段階から自分で考え，自分で決めて行動する習慣づけをさせている。また一年生の段階では自分でやりたいポジションをやらせることで，向き不向きやそれぞれのポジションのメリットやデメリットを自分で考えさせ，どのポジションにするかを自分で選択させている。このように帝京大学ラグビー部では，一年生には，脳が疲れるまで考えさせることを重視している（岩出・森，2015；岩出，2018）。

　四年生を中心とした上級生に雑用をしてもらうことは，一年生にとっては先輩たち，とりわけ四年生に自らを支えてもらうことに繋がる。下級生は上級生に大事にされることにより，安心してラグビーに打ち込めるのも，快適な寮生活を送ることができるのもすべて上級生の支えがあって成り立っていることであると上級生に尊敬や憧れの念を抱くようになり，試合に出場する先輩たちを心から応援し，そのような先輩たちが居る同部を心から好きになると同時に，上級生に進級した時に，「四年生に受けた恩を返したい」と思い，自分たちが先輩たちにしてもらったことを下級生にするようになる（岩出・森，2015；岩出，2018）。

　こうした同部の「脱体育会」的なマネジメントは，不安に包まれた一年生の緊張を緩和させるだけでなく，上級生，とりわけ四年生への感謝の気持ちや部という組織への愛着，一年生が自分が四年生から受けた恩を後輩に返したいと思う気持ちを生む効果がある。同部の場合は 100 名を超える部員が在籍しており，大半の部員は A チームでレギュラーになることなく四年間の競技生活を終えることにはなるが，試合に出ることができない上級生も，一年生の頃に先輩たちから受けた恩もあり，それを後輩や仲間に返したいという気持ちを生むことに繋がる。そう考えるならば，この運営方式は，一年生から四年生までの部への愛着を構築するものであり，部とし

ての一体感やまとまりを構築する効果があるものと言えよう。

　次に同部のチーム学習的な側面を検討したい。同部では，学年ミーティング，グループミーティングなどの様々な選手同士のミーティングが頻繁に行われており，仲間と仲間を意図的に関わらせる機会を多く設けている。そこで毎年掲げられている行動目標の一つが「前年のチームを上回ること」であり，これは前年と同じことを繰り返しているだけでは実現不可能である。それゆえに，100名を超える部員の多様性を生かしながら，様々な少数ミーティングで新しいチャレンジやイノベーションを実現し，前年のチームを上回らせることを目指している（岩出，2018）。

　練習においても，4月から5月にかけては，練習をたびたび中断させ，「いまどんなことを考えて，その動きをしたのか」，「その際大事なことは何か」をグラウンド上で，「3人トーク（後輩が話し役，先輩が聞き役に回るミニミーティング）」を行い，ディスカッションをさせている。体づくりやコンディション調整に関しても部員一人一人が専属のトレーナーや栄養士と「なりたい体」について話し合った上で，数値目標を定め，現状と目標との開きを具体的に分かるようにしたり，血液検査の定期的な実施により自らのコンディションを調整する際のフィードバック情報として活用させている（岩出，2018）。

　また同部では，選手同士が真剣にぶつかり合うコンタクト系の激しいチーム練習は，シーズンが始まってからは週1回のみとしたり，経費のかかる練習試合を抑えたり，個々の選手が，今自分が何をしなければならないのかを考えさせる練習体制にしている（岩出，2010；大山，2018）。

　同部では，毎回の試合や日々の練習後，徹底して「振り返り」を行うことを重視している。ポジションごとに数人のグループを作らせ，その試合や練習でどのようなプレイをしたのか，どのようなミスをし，どのようなフォローをしなかったのかなど今日の試合を終え，あるいは練習を終えて今後修正すべき点を話し合わせ自分たちが次にすべき行動を決定させた上で，それを監督である岩出に説明できるようにさせている。選手たちの振り返りが浅い場合は，再度振り返りをさせている。この振り返りにおいては，5W1Hを意識し

てつかむようにさせ，自分の行動の原因を分からせるように努めている。その原因を捉えた上で，次の行動を明らかにし，やってみることが求められる。それにより問題を乗り越えることが可能になるかもしれないし，乗り越えられなかった場合は再度の振り返りが求められる（岩出・森，2015）。

　以上のように帝京大学ラグビー部では，部員たちは自らが成長するために必要なものを自らで探索し，それを自分で補いながら成長すること，そしてチームとしても同様に，チームとして成長するために必要な要素を絶えず探索しながらそれをチームで補いながチームとしての成長を実現していることが確認された。監督である岩出は，大松のように選手の前に立ち指導をするというよりも，部員たちの「自分づくり」や，個人やチームによる省察的なコミュニケーションの促進を支援したり，そこにおける「気づき」を与えるというような，彼らが自立的に行動，学習し成長していく過程を支援していくという指導法を採用していたと言えよう。

　以上，大松博文と岩出雅之のリーダーシップについて検討した。2人ともリーダーとしてのタイプ，使用した方法はまったく異なるが，「成果を出す」という部分に関してはともに成功している。その意味では2人とも「優秀なリーダーである」ということができる。リーダーとは，リーダーシップとは何か，以下もう掘り下げて検討したい。

3.　スポーツ経営におけるリーダーシップとは

　リーダーシップに関する研究は，経営組織論において精力的に展開されている。とりわけ，会社組織が現代においては代表的な組織となっているため，経営組織論において，主に議論されている。先行研究では，リーダーに必要な行動は，主に「仕事の遂行（Performance：P）」と，「人間関係や職場の雰囲気づくり（Maintenance：M）」の2つに分類されている。三隅（1966）などは，この2つの軸から，リーダーを，仕事の遂行も人間関係もいずれも重視するPM型，仕事の遂行を重視するPm（P）型，人間関係

を重視する pM（M）型，いずれも最小限にとどまる pm 型という 4
つのタイプに分類している。

　三隅によると，PM 型のリーダーが一番生産性が高く，以下，生
産性の順番は，Pm（P）型，pM（M）型，pm 型と続くという。PM
型リーダーは理想のリーダーであり，現実にはなかなかいるタイプ
ではなく，実際に居るリーダーは，Pm（P）型，pM（M）型，pm
型のいずれかが多いと言えよう。

図表 6-1　PM 理論

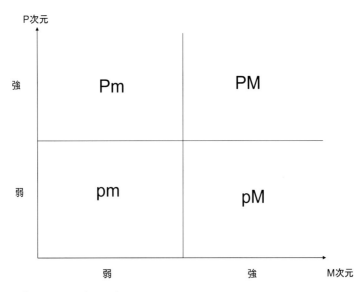

出典：三隅（1966），128 頁

①　普遍主義理論

　普遍主義理論とは，いついかなる場面にも有効なリーダー像があ
るという考え方のことである。オハイオ大学で行われたオハイオ研
究では，仕事に必要な構造づくりと，人間関係や職場の雰囲気作り
を，高いレベルで実現するリーダーの存在こそが，好業績を生むと
している。そして，ミシガン大学で行われたミシガン研究では，部
下に対し気を配るとともに，仕事の目標設定などを部下自ら行わせ，

それをバックアップしていくことで，部下の上司に対する信頼や組織への愛着を醸成させ，部下の自己実現要求を刺激する「参加型リーダーシップ」こそが，好業績を生むリーダー像であるとされている（高橋他，1998）。しかしながら，組織を取り巻く環境は一定ではない。チーム状態がボロボロのチーム，安定したチームなど，チームを取り巻く環境もまったく異なる。それゆえ，唯一最善のリーダーシップ像が存在しえるのかどうか疑問の余地がある。

② 状況適応理論（コンティンジェンシー理論）

　一方で，状況適応理論では，唯一最善のリーダーシップ像は否定され，望ましいリーダーシップ像は，組織を取り巻く環境により異なるという考えが支持されている。例えば，フィードラー（1967）などは，状況好意性（リーダーと部下の人間関係・仕事の明確さ・リーダーの権限の強さ）の観点からリーダーシップを規定している。フィードラーは，状況好意性が高い場合と低い場合は，人間関係に配慮するリーダーが相応しいとされ，中間にある場合は構造づくりに焦点を置くリーダーが相応しいとしている。その他，ハウス（1976）は，職務の不確実性が高い場合は，構造づくりに焦点を当てるリーダーが相応しく，職務の不確実性が低い場合は人間関係（職場の雰囲気づくり）に重点をおくリーダーが相応しいとしている。こうした諸研究からも，状況により異なるタイプのリーダーを使い分けることが，重要ではないかとも考えることができる。

③ 組織文化・組織変革

　「組織文化」とは，組織におけるものの考え方や振舞い方，価値観のことである。一方，「組織変革」とは，組織におけるものの考え方・あり方を根本から変えることである。組織構造だけが変わっても，組織変革を実現したことにはならず，組織を変えていくためには，まずは組織文化を変えなければならないのである。では，具体的には，どのようにして組織を変えていくのであろうか。本章における事例に照らし合わせながら検討してみよう。まずは，トップを代えることである。トップは，組織のあり方を決定づける重要な職務を担っている。それは，組織メンバーのものごとの考え方を規

定する文化にも強く影響している。それゆえ，トップが替わることで，今までの「文化」が刷新される可能性は大きくなる。これは，トレイ・ヒルマン（元北海道日本ハムファイターズ監督），バレンタイン，サッカー日本代表におけるジーコ，オシムなどに見られる外国人監などのケースを見れば明らかであろう。組織は，外国人のトップにより，劇的な変化を遂げている。業績はもちろんのことながら，一番大きいのは，組織文化の変化であろう。外国人という「日本文化」を共有しないリーダーにより，既成概念にとらわれない変革が可能となる。次の変革方法としては，改革派の人々が主導権（パワー）を握ることが重要である。変革の必要性を感じている人々がパワーを持つことにより，組織に変革を迫るのである。

　変革の兆候が現れたら，その後はどうすれば良いのか。組織を変化へと向かわせていくためには，組織にいるすべての人々が変革の必要性を感じなければならない。そのためには，「今のままではいけない」という意識，すなわち，危機意識を高め，危機感を組織メンバーに抱かせなければならないのである（Kotter，1996）。リーダーは，組織メンバーに対し，絶えず，現在の危機，すなわち，危機感を説くことが重要になる。そのためには，言語やメール，会議など，多様なコミュニケーション手段や場を確保することが重要になる。そして，組織メンバーが変革の必要性を認識したならば，彼らを変革へと動かしていく必要がある。彼らを，組織にとって望ましい方法へと動かしていくためには，組織メンバーに対し，自分たちがどのような方向に進んでいくべきなのかという新たなビジョンを提示しなければならない（Kotter，1996）。その上で，新たなビジョンに向かい組織やそのメンバーが行動するにあたり，何が「善」で何が「悪」なのか，すなわち，組織における新たな価値基準を認識させる必要がある。彼らが新たな価値基準を認識し，それに従い行動していくことで，新たな文化が組織内部に形成され，定着していくのである（Kotter，1996）。しかしながら，組織文化は定着することで，環境への対応を困難にさせる可能性もある。あまりにリジッド（強固，過剰共有）な組織文化は環境への適応性を低下させるのみならず，組織の誤りに気づかないグループシンクに陥る可能性もあるゆえ，ある程度の多様性（色々な価値観を組織の中

で有しておくこと）を許容した組織文化が望ましいと言える。

4.　おわりに

　Ｊリーグ，プロ野球等スポーツの世界で，外国人監督が活躍している。彼らが重用される理由としては，外国人ゆえ，日本人の価値観にとらわれず，日本人にはない発想で組織変革を実現していく（組織文化を変えていく）ことが可能であり，そうした役割を期待されているものと考えることができる。しかしながら，日本人には日本人のものの考え方・価値観がある。組織におけるリーダーは，そうした価値観を尊重しながらも，組織変革を実現していくことが重要なのではないであろうか。

＜課題＞
　尊敬できるリーダー（身近な人間でも，歴史上の人物でも，スポーツ選手，指導者などの有名人でも構わない）を一人挙げ，なぜその人が尊敬できるのかを，リーダーシップという視点から考えてみよう。

＜参考文献＞
新雅史（2013）『「東洋の魔女」論』イースト・プレス
大松博文（1963）『おれについてこい！』講談社
大松博文（1964）『なぜば成る！』講談社
大松博文（1974）「コーチ概論」『東海大学紀要　体育学部』第4
　　号，147-154頁
Fiedler, F. E.（1967），*A Theory of Leadership Effectiveness*, McGraw-
　　Hill.（山田雄一監訳『新しい管理者像の探求』産業能率短期大
　　学出版部，1970年）
House, R. J. A（1976），" Theory Charismatic Leadership, "in Hunt,J.G.
　　& Larson, L. L. eds., *Leadership : The Cutting Edge,* Illinois
　　University Press, pp.189-207.
岩出雅之（2010）『帝京スポーツメソッド　信じて根を張れ！　楕
　　円のボールは信じるヤツの前に落ちてくる』小学館
岩出雅之（2018）『常勝集団のプリンシプル　自ら学び成長する人
　　材が育つ「岩出式」心のマネジメント』日経BP社

岩出雅之・森吉弘（2015）『負けない作法』集英社

児玉光雄（2013）『信じる力と伝える力　日ハム栗山監督に学ぶ新時代のリーダー論』二見書房

Kotter, J.（1996）,*Leading Change*, Harvard Business School Press.（梅津祐良訳『企業変革力』日経 BP 社）

三隅二不二（1966）『新しいリーダーシップ：集団指導の行動科学』ダイヤモンド社

大野貴司（2017）「わが国大学運動部における『勝利至上主義』とその緩和策に関する一考察」『東洋学園大学紀要』第 25 号，105-121 頁

大野貴司（2018）「わが国大学運動部組織の『学習する組織』への移行に向けた予備的検討」『埼玉学園大学紀要　経済経営学部篇』第 18 号，135-148 頁

大山高（2018）「帝京大学ラグビー部の成功要因」早稲田大学スポーツナレッジ研究会編『スポーツ・エクセレンス―スポーツ分野における成功事例―』創文企画，64-76 頁

高橋正泰・山口昭善・磯山優・文智彦（1998）『経営組織論の基礎』同文館出版

第 7 章
スポーツ経営におけるキャリア・マネジメント

1. 河内敏光（bj リーグ初代コミッショナー）の半生

1.1. 河内敏光の半生

　bj リーグとは，2004 年 3 月 24 日に設立され，2016 年まで運営された（開幕は 2005 年 11 月 5 日。2016 年には B LEAGUE 誕生によりその活動を休止する）わが国の初プロバスケットボールリーグである。以下，bj リーグ設立までの河内の半生を追っていきたい。

　河内は，1954 年，東京都足立区にパン屋の次男として生まれた。千寿第五小学校入学し，小学校時代は野球に熱中した。自著によれば，当時はプロ野球選手になることが夢であったという。その後，足立第四中学校入学。野球部に入部するも，来る日も来る日も，玉拾いの毎日に嫌気がさしており，たまたま通りかかった体育館でバスケットボール部の試合を目撃する。同じ 1 年生の同級生が複数試合に出場していた光景を見て，自分の境遇との差を痛感し，「試合に出たい」という意識が芽生えていった。その年の球技大会の種目がバスケットボールで活躍し，「バスケをやってみようという」という気になり，バスケット部員の勧誘もあり，正式にバスケット部に入部することとなる。晴れてバスケット部に入部した河内は，代々木第二体育館(東京都人会の準決勝，決勝の舞台)目指して日々練習するも，結局実現できなかった。こうして河内は，「いつか俺もここでプレイしてやる」という思いを抱きながら高校へ進学した（河内，2006）。

　河内が入学した京北高校（東京都文京区）は，都内のバスケット

ボールの名門校で，その年の新入部員は150名であった。新入部員は校庭のランニングとロードワークという日々が続き，3ヶ月経つ頃には，1年生は10人前後に減っていた。河内も，365日バスケ漬けの日々に嫌気がさすときもあったが，「代々木でプレイしたい」という夢を諦めるわけにはいかないと思い，頑張り続けた。こうした努力が実り，河内は2年の秋からは副キャプテン，レギュラーになった。そして高校時代はレギュラーとしてインターハイ，選抜大会，共にベスト4という輝かしい成績を残した（河内，2006）。

　大学は，明治大学に進学した。高校3年のときのインカレで明治大学が優勝した。進学先として明治大学を選んだのは，「これからは明治が強くなるかもしれない」との顧問の言葉が大きかったためである。大学に入学してからは高校と違い，監督やコーチがチームの方針を作るのではなく，自分たちで自分たちのバスケを創っていくということが求められる。河内は，そこで生みの苦しみと喜びを味わうことになる。明治大学のバスケット部には，ガードの選手が1年生の新人センターを，センターの選手が新人のガードを育てていくという伝統があり，合宿所や遠征先のホテルなどの部屋割りもそれに基づいて行われている。こうして，あらゆる場で行動を共にすることになり，「センターとしては，ガードからこんなパスが欲しい」，「ガードとしては，センターにこうして欲しい」などのバスケットに関する意見交換が選手同士で常に行われる場が作られ，円滑な試合展開が行われるような文化が部内で醸成されていたのである。当時は，明治大学の黄金期でもあり，河内が在籍した時代の明治大学は，天皇杯優勝等のタイトルを総なめにすることとなる（河内，2006）。

　こうして，輝かしいキャリアを引き下げ，大学を卒業した河内であるが，進路として選んだのは，当時二部リーグに所属していた三井生命であった。引退後の生活，当時の社会人バスケ事情（外国人依存）を考慮しての決定であった。河内は，入社の際に，入社時から練習時間，内容，フォーメーションなど，全てにおいていいたいことを言わせてもらう権限を取り付けていた。入社1年目には，河内の方針は，選手の反発に遭いながらも，3年ぶりの二部リーグを成し遂げ（入れ替え戦は敗北），次年度は，自分で選手をリクル

ートし，チームを1部へ導いた（河内，2006）。

　選手引退後は，2年間のブランクを置いて，同社のヘッドコーチ
に就任，後に，日本代表監督に就任する。こうして，順調に見えた
河内のバスケット人生であるが，三井生命のバスケットボール部は，
折からの経済不況により，休部になってしまう。こうして，河内は
選手の受け入れ先に奔走し，自身もバスケット部を辞め，そして，
三井生命を退社する（河内，2006）。

　三井生命バスケットボール部の休部と並行し，大和証券バスケッ
トボール部も休部へと追い込まれており，新たな受け入れ先の確保
に奔走していた。河内は，大和証券関係者の要請によりこの活動に
参加することになる。受け入れにあたり，大和証券バスケット部関
係者は，アルビレックス新潟の運営を成功させた，新潟総合学院理
事長の池田弘に相談した。サッカーを中心とした，総合型地域スポ
ーツクラブ構想を描いていた池田は，自らが協力することを前提と
し，大和証券関係者に新潟県に独立採算の興行会社（プロバスケッ
トボールチーム）を立ち上げることを提案した（選手は大和証券バ
スケットボール部の選手をプロに鞍替え）。こうして2001年に，新
潟アルビレックス（会社名新潟スポーツプロモーション）が誕生す
る。新潟アルビレックスでは，「アルビレックス」名をサッカーと
も共有し，地域の共有財産になることを目指した。新潟アルビレッ
クスは，2001年，2002年と日本リーグを二連覇，2003シーズンか
らは，トップリーグであるスーパーリーグへの参戦を果たした。新
潟アルビレックスでは，アルビレックス新潟のプロモーション手法
なども参考にしながら，観客動員の努力を継続した（（河内，2006）。

　設立当初アルビレックスは，JBL（日本バスケットボール日本リ
ーグ機構）[2]に所属していた。JBLは，バスケットボールのプロ化
を志向して1995年に設立された，バスケットボールチームの統括
団体である。しかしながら，プロ化計画は一向に進まず，企業チー
ムとプロチームが混在する形で運営がなされ，独立採算制を採用し
ていたアルビレックスと埼玉ブロンコスは，JBLを脱退する。2004

---

[2] JBLは，新リーグ設立に伴い，2012年にはNBL（National Basketball League）と
名称を変更しているが，プロ化は進まず，JBL時代と同じく，企業チームとプロチー
ムが混在する形で運営がなされた。

年1月には, 新潟アルビレックスと埼玉ブロンコスを中心にプロリーグ設立勉強会が発足し, そこで, Jリーグやヨーロッパ型のクラブ, そして, NBA式のビジネスモデル (サラリーキャップ制, ドラフトのウェーバー制度等の戦力均等策) を取り入れたプロバスケットボールリーグを設立することが合意された。そして, 2004年11月には, bjリーグが発足するのである。当初の参加チームは, 仙台, 新潟, 埼玉, 東京, 大阪, 大分の6チームであった (河内, 2006；『SMR』第6号)。

bjリーグの誕生は, わが国のプロバスケットボールの発展に向けた偉大なる一歩であった。2016年には, 国内バスケットボールのトップリーグである NBA (National Basketball League) と国内プロバスケットボールリーグである bjリーグが解散し, 参加全チームが完全プロチームであるプロバスケットボールリーグである Bリーグが設立された。

Bリーグ誕生後, 河内は, テクニカルアドバイザーに就任し, 2018年9月には, Bリーグ所属チームの横浜ビー・コルセアーズのスーパーバイザー兼ゼネラルマネージャーに就任した。

1.2 Bリーグのマネジメント

ここで若干ではあるが, 日本で一番新しいプロスポーツリーグである Bリーグとそのマネジメントについて検討しておく。先述のように Bリーグは, 旧来日本に存在したバスケットボールのトップリーグであった NBL, プロバスケットボールリーグであった bjリーグが解散し, 新たに新設されたプロバスケットボールである[3]。2017-2018シーズンでは, リーグ全体で約150万人の観客動員を達成している (Bリーグホームページ)。

Bリーグの初代事務局長である葦原 (2018) は, Bリーグが NBL, bjリーグ時代をはるかに上回る観客動員数と売上を達成できたのは, 明確なターゲットの認識 (若年層) と, それに見合ったマーケティング (スマートフォンひとつで完結する仕組み), リーグ主導

---

[3] Bリーグの初代事務局長である葦原 (2018) によると, この両組織の利害関係を解消させ, 統合へと向かわせたのは Jリーグの設立に尽力した Bリーグ初代チェアマンであった川淵三郎の尽力が大きかったという。

によるデジタルマーケティングの促進による顧客管理を挙げている。葦原によれば，バスケットボールはサッカーと異なり，その競技人口の男女比が限りなく均等に近い珍しいスポーツであり，潜在的な観戦希望者に若者が多いことがその特徴であるという（葦原，2018）。

　そうした潜在的な観戦希望者のニーズに対応できるよう B リーグでは，興味喚起から体験共有まで一連の流れをすべてスマートフォンでできる「スマホファースト」のサービスの実現を目指している。具体的には，チケットは直販による電子チケット制を導入したり，試合中継をインターネット中継を中心としたり[4]，グッズ販売は試合会場でのワゴン販売ではなく EC サイトを積極活用するという具合である（葦原，2018）。

　「スマホファースト」の下，B リーグでは，SNS にも力を入れている。Facebook，Twitter，Instagram，LINE のフォロワー，友達は 400 万人を超えている。こうした SNS は，告知媒体としての機能がある。また，ファインプレー動画などを見せることにより，Instagram などで「インスタ映え」したり，他人に「シェア」したくなることを狙っている。すなわち潜在的なファンへアピールする機能もある。またチケット販売媒体としての機能もある。B.LEAGUE FINAL では，チケット購入数のおよそ 30％が SNS 経由であったという（葦原，2018）。

　また B リーグでは，顧客データを各クラブではなく，リーグが管理する方式を採用している。データは，チケットの購入者，ファンクラブの入会者，クラブのウェブサイトでグッズを購入した購入者，アリーナの来場者から収集している。顧客データを一元化することにより，チケット，ファンクラブ，クラブのウェブサイト，来場者という状況別に 1 人の観客がどのような購買行動を取っているのかをクラブの垣根を越えて把握できるようになっている（葦原，2018）。

---

[4] ソフトバンクは，インターネット放送権込みのパートナー（スポンサー）契約を B リーグと結び，B リーグの試合を自社のコンテンツである「スポナビライブ」で全試合放映している。葦原（2018）によると，この契約の締結は，川淵三郎とソフトバンクの社長である孫正義との個人的な関係が大きかったという。平田（2017）の推計によると契約額は 4 年間で 120 億円であるという。

また，Ｂリーグの発足と合わせ，B.MARKETHING という会社が設立されている。同社の目的は，日本バスケットボール協会とＢリーグの有するコンテンツを集約し，日本バスケットボールの発展を目指すことにあるという（B.MARKETHING ホームページ）。同社の存在により，プロ，アマ双方のコンテンツを存分に活かした事業展開が可能になると言えよう。さらには，2018 年 12 月 25 日にＢリーグの理事会において日本バスケットボール協会，Ｂリーグ，B.MARKETHING，ジャパン・バスケットボールリーグ（B3 リーグ）の 4 団体をつなぐバスケットボール・コーポレーション株式会社の設立が決定された（「バスケットボールキング」参照）。それにより各団体に所属する職員の一体化による組織力強化，人材育成を目指す（「バスケットボールキング」参照）。

　最後になるがＢリーグでは，旧来のスポーツビジネスの支配的な考え方であった普及→強化→事業（ビジネス）[5] ではなく，まずは事業ありきで，事業（ビジネス）→普及，強化を目指しているという（葦原，2018）。確かに普及や強化を実現していくためには豊富な資金が必要となり，何もない中で普及や強化に必要な資金を捻出することは困難であると言える。Ｂリーグの考え方は，事業にまずは安定したビジネス基盤を確立した上で，スポーツとしての普及や強化を目指していくという考えである。このＢリーグの考え方は，スポーツの普及・振興を考える上でも合理性を有するものであると言えよう。

2.　スポーツ経営におけるキャリアとは

2.1.　キャリアとは

　キャリアとは何であろうか。諸々の研究や，テキストを踏まえると，2 つの意味があると考えられる。まずは，キャリアとは，仕事生活における具体的な職務を通じた経験の連続，仕事における大きな節目などの回顧的意味づけをあらわすもの，すなわち，過去の自

---

[5] 平田（2017）は，勝利，普及，市場の三つを「トリプルミッションモデル」の構成要素であるとし，この 3 つの好循環こそがスポーツビジネスを発展させる要因であるとしている。

分をあらわすのに用いられる。もうひとつのキャリアの意味とは，将来構想・展望のパターン，すなわち，「こうありたい」とういう将来像を考えることである。以上を踏まえると，キャリアとは，過去の自分と，未来の自分について考えることなのである。定義するならば，キャリアとは，「今までしてきた仕事から，どのような経験が得られたのかを考えた上で，それを踏まえ，自分が近づきたいイメージや将来像を構想していくこと」である。そういう意味では，キャリアは自分がどんな人間であるかということを理解することを助けるものであるとともに，「こうなりたい」という自分の中での「構図（設計図）」の役割を果たすものなのである。

2.2. キャリアのパターン

次に，キャリアのパターンを考えていきたい。松本（2006）によれば，キャリアには，客観的キャリアと主観的キャリアがあるという。客観的キャリアとは，他人が見たその人の経歴のことである。河内敏光の場合は，京北高校から明治大学，三井生命に入り，新潟アルビレックスの設立に携わり，そして，bj リーグの設立に携わり…というのが彼らの客観的キャリアである。主観的キャリアとは，その名の通り自分で考えるキャリアのこと，すなわち，そこでの経験の中で，大きな影響を与えた経験や他人，自分を変えた一言やエピソード，自分を大きく成長させてくれた出来事（一皮むける）などを振り返ることである（松本，2006）。河内の場合は，三井生命，bj リーグ立ち上げ時に感じた企業スポーツ，JBL の限界，アルビレックス新潟の池田との出会いにより，スポーツは企業依存ではなく，独立採算でやっていけることを学んだのではないか。これらの「主観的キャリア」は，今の職務や，自分自身の夢（何をしたいか），将来構想（何をするべきか）の構築にも活かされていると考えられる。

2.3. キャリア・アンカー

キャリア・アンカーとは，シャイン（1993）によれば，「仕事していく上で，譲れない価値観や欲求のこと」であるという。アンカーとは，日本語で「錨（くさび）」を意味するものであり，錨が船

が動かないように船と海底をつなぐ役割を果たすことを踏まえるならば，この場合の「錨」は，過去の自分と現在の自分，そして現在の自分と未来の自分をつなぐ碇であると考えることができる。松本（2006）によると，このキャリア・アンカーは，以下の3つの自己イメージから構成される。

A. 自分は，何か得意か（自覚された才能と能力）
B. 自分は，いったい何がやりたいのか（自覚された動機と欲求）
C. どのようなことをやっている自分なら，意味を感じ，社会に役立っていると実感できるのか（自覚された態度と価値）

このように，人は，キャリア・アンカーを持つことで，望ましい「キャリア」を積んでいくことが可能となるのである。キャリア・アンカーを持つことは，継続的に「自分」や「自分の経験」を見直し，今できること，将来どういうことがしたいか（できるようになりたいのか）を考えていくことの重要性を認識することに繋がるのである。

　人を使う立場であるマネジャーの場合は，自らの部下に対し，キャリア・アンカーの設定に基づいた職務を与え，モチベーションを高めていくことはきわめて有効であろう。

3. おわりに

　以上，本章では， bj リーグの立ち上げに尽力した河内敏光というプロスポーツリーグの立ち上げに貢献した人物の事例から，スポーツ経営におけるキャリアについて検討した。そこでは「スポーツのために何かしたい」という思いは当然大事になるのであるが，そうした思いを現実のものとするべく，自分にはどういう能力が求められるのかということを認識することと，そのために動くことがそれと同様に重要であることが確認された。読者のみなさんも，自らの目標（何かをしたい）が定まったならば，そこに求められるものを認識し，その獲得のため動かれることをお勧めする。

＜課題＞
　あなた自身の「キャリア・アンカー」を考えてみよう。

＜参考文献＞
葦原一正（2018）『稼ぐがすべて　B リーグこそ最強のビジネスモ
　　デルである』あさ出版
平田竹男（2017）『スポーツビジネス最強の教科書（第 2 版）』東洋
　　経済新報社
河内敏光（2005）『意地を通せば夢は叶う！』東洋経済新報社
松本雄一（2006）「キャリアデザイン」加護野忠男・吉村典久編著
　　『1 からの経営学』碩学舎，170-188 頁
Shein, E. H.（1993），*Career Anchors : Discovering Your Real Values*,
　　Pfeiffer & Co.（金井壽宏訳『キャリア・アンカー—自分のほん
　　とうの価値を発見しよう』白桃書房，2003 年）

＜参考資料＞
ブックハウス・エイチディ『SMR』第 6 号

＜参考 URL＞
バスケットボールキング
　　https://basketballking.jp/news/japan/20181225/124993.html?fbcli
　　d=IwAR1mIJq_WmO04dW6kbhcMWbQ84aIxkobd_Ua53lrm8eUU
　　LvI6Iu_fD1iAiE（2022.10.30 アクセス）
B リーグ公式サイト　https://www.bleague.jp/（2022.10.30 アクセス）
B.MARKETHING 株式会社ホームページ
　　http://www.bmarketing.jp/（2022.10.30 アクセス）

第8章

スポーツ経営における国際化（国際経営）

1. アシックスの事例

1.1. アシックスの設立と成長

　図表 7-1 が，アシックスの概要である。アシックスという社名の由来であるが，ラテン語の "Anima Sana In Corpore Sano" に由来する。日本語に訳すと，「健全なる身体に健全なる精神が宿かれし」という意味になる。この頭文字の，A, S, I, C, S を取り，「ASICS」という社名にしたのである（1977 以前の社名は「鬼塚商会」であった。鬼塚とは，創業者の鬼塚喜八郎の姓である）。しかしながら，アシックスという社名になるのは，会社が誕生してから少し後の話しになる。それを理解するためにも，ここで，アシックスの設立と発展の経緯を見ていきたい。

　アシックスは，戦地から複員し，靴屋修行を終えた鬼塚（旧姓坂口）喜八郎により 1949 年に設立されたスポーツシューズを中心する総合スポーツメーカーである。アシックスが最初に手掛けたのはスポーツシューズであった。なぜスポーツシューズなのか。復員し，日本に戻った鬼塚は，戦後の日本の荒廃，万引きなどの青少年の非行化を目の当たりにすることとなる（鬼塚，2000）。

　戦中には，数多くの尊い命が失われた。鬼塚という性も亡き戦友から引き継いだものである。この鬼塚氏に，「自分にもしものことがあったときには，神戸の自分の家を継いでほしい」と頼まれ，その戦友亡き後，坂口喜八郎は，神戸に行き，鬼塚家を引き継いだのである。青少年の非行化を目の当たりにし，そうした先人たちが命を賭して，守った日本，そして青少年は間違った方向へ進もうとしていることを鬼塚は感じていた。鬼塚はどうしたら良いのか一人

図表 8-1　アシックス企業概要

社名	株式会社アシックス
創業	昭和 24 年 9 月 1 日
資本金	239 億 7200 万（2021 年時点）
従業員数	8,861 人（連結）　972 人（単体）（2021 年 12 月時点）
事業内容	各種スポーツ用品及び，各種レジャー用品の製造および販売
年間売上高	4040 億円（連結），272 億円（単独）　いずれも 2021 年 12 月期
当期純利益	94 億 200 万円（連結）　2021 年 12 月期
関係会社	国内 11 社，海外（米国，欧州，オセアニア，東南アジア，南アジア，東アジアほか）55 社　2021 年 12 月時点

アシックス株式会社ホームページ「会社概要」，「財務・業績ハイライト」を参考に筆者作成。

悩み，一人の友人に相談した。兵庫県の教育委員会に勤めるその友人堀公平は，青少年を更生させる手段として「スポーツ」があると鬼塚にアドバイスした。なぜ，更正手段として「スポーツ」が有効なのか。堀は，スポーツをすることにより，「スポーツマンシップ」が養われるため，スポーツは青少年の更生に有効な手段であると説明した（鬼塚，2000；神戸学院大学人文学会・経済学会，2002）。
　スポーツマンシップとは，
・ルールを守る
・礼儀（礼を尽くす）
・ベストを尽くす
・チームワークを重んじる
・弛まぬ訓練と，多くの人の意見を聞くこと
の 5 つの要素から成る。こうした精神を有する若者を育てることは，若者を正しい道へと導く上では大いに意味がある（鬼塚，2000；神戸学院大学人文学会・経済学会，2002）。

しかしながら，スポーツマンシップを持った若者を育てるために自分は何をすれば良いのか鬼塚は分からなかった。そんな鬼塚に，堀は続けてアドバイスする。スポーツをするためには，シューズが必要になる，なので君はスポーツシューズを作ることで，スポースマンシップを持った若者をこの国で育てていくことに貢献しなさいと。スポーツマンシップを持った多くの若者を育て，より良い日本を作りたいという鬼塚喜八郎の思いから，アシックスという企業は創業されたのである。こうして鬼塚は，シューズの作り方を学ぶべく，靴屋へと修行に行くのである（鬼塚，2000；神戸学院大学人文学会・経済学会，2002）。

　靴屋の修行を終え，最初に作ったのは，バスケットシューズであった。では，そのバスケットシューズをどのように売っていったのか。アシックスの商法をここで検討したい。

（1）キリモミ商法

　鉄のような硬い素材は，ハンマーで叩いてもびくともしないが，キリのような鋭利なものならば，小さくても必ず穴は開く。これは，マーケティングにおいても同様で，パイは小さくても，ターゲットを定め，十分な調査を重ね，徹底的にその層を攻めることで，その層からは圧倒的な支持を得ることが可能になり，売上が上がっていくという考えである。アシックスが，最初にキリで「穴」を開けようとしたのは，バスケットシューズであった（鬼塚，2000；神戸学院大学人文学会・経済学会，2002）。

Case1.バスケットシューズ

　鬼塚商会が，初めて製造したバスケットシューズは，「オニツカタイガー」という名前で販売された。修行先の矢仲ゴム工業所で製作されたものであり，神戸高校のバスケット部の観察を経て完成されたものである。練習の観察や，部員の要望などにより，タコの吸盤にヒントを得た止まる機能，車のタイヤにヒントを得た滑走機能などをシューズに搭載した。調査に協力してくれた，神戸高校の選手が，「オニツカタイガー」を履き試合に出場し，良い試合結果を収めると，そのシューズは評判となり，同校の監督もオニツカタイ

ガーの宣伝に協力してくれたことにより，シューズの売上は上がり，国内のバスケットシューズの主要ブランドへと成長した（鬼塚，2000；神戸学院大学人文学会・経済学会，2002）。

Case2． マラソンシューズ

　マラソンの選手は，ゴールに入ってくると，必ずシューズを脱いでいた。マメができるので，シューズを履いていられないためである。それならば脱がなくても良いシューズならば，多くのマラソンランナーが購入してくれるのではないかと鬼塚は考えた。そこで，まずは，鬼塚はなぜマメができるのかを調べた。大阪大学の医学部の教授に聞いてみたところ，熱によって侵された筋肉を癒そうとリンパ液が集まり，水ぶくれになり，マメができるという。ならば，鬼塚は，中に熱がこもらないようなシューズを作ることにより，マメができることを防ぐことが可能になると考えたのである（鬼塚，2000；神戸学院大学人文学会・経済学会，2002）。

　空気の接触面積を広くして，空気で冷やすことで，エンジンが傷まないように配慮しているオートバイのエンジンをヒントに足も空気に接触し続けることにより，冷やされ，マメができることはなくなると鬼塚は考えたのである。そこで，鬼塚は，シューズに水を通さないが，空気は通せるくらいの小さな無数の穴を開け，通気性の良いシューズを作り，マメができないようにしたのである（鬼塚，2000；神戸学院大学人文学会・経済学会，2002）。

　こうした努力をベースとした，マラソンシューズとしての機能性は，高橋尚子や野口みずきなど，多くのトップレベルのマラソンランナーに愛好される要因となったものと考えられる。

（2）頂上戦略

　キリモミ商法と，もうひとつアシックスを成長させた商法として，頂上戦略が挙げられる。アシックスでは，トップレベルの選手をターゲットとし，トップレベルの選手から細かくニーズを汲み取り，トップ選手のニーズに合うような製品を開発している。トップレベルの選手（「スポーツ消費者」全体の中の2〜3％）が使用することで，流行に敏感なイノベータークラス（スポーツ消費者全体の中の

17～18％）が追随して使用することで，20％の市場シェアは獲得できるという算段である。残り大多数のロワー層は，機能や品質よりも価格重視なので，低価格で製品を製造できる能力を有する大企業のほうが有利なので，アシックスでは訴求しないこととしている（神戸学院大学人文学会・経済学会，2002）。

　トップアスリートのニーズに適う製品を作り続けるという頂上戦略の追及により，アシックスでは，有森裕子，高橋尚子，野口みずき，イチロー（スパイクのみアシックスと契約），三都須アレクサンドロ，川口能活，全日本男子バレーなどの，トップアスリートの愛好者を数多く生むことに成功した。アシックスでは，トップアスリートのきめ細かいニーズに対応するために，1990年には「スポーツ工学研究所」を設立し，スポーツ工学，人体工学など分析することで，より一流アスリートが使用しやすいスポーツ用具の開発に努めている。

1.2.　アシックスの国際展開
　国内におけるアシックスの売上は，着実に増加し，1977年にはさらなる売上の拡張を目指すべく，スポーツウェアメーカーのジィティオと，学校のスポーツウェアやスキーウェアを製造しているジェレンクを吸収し，総合スポーツメーカーとなり，製品ラインの拡張を行った。このときに，世界を視野に入れ，外国人にもなじみやすいよう社名を「アシックス」に変えている[1]。1990年には先述のスポーツ工学研究所を設立し，2001年には，ウォーキング事業のアシックス歩人館株式会社を設立，2002年には，アシックスデポルテ株式会社を合併し，スクールスポーツウェア事業にも進出し，製品ラインを拡張した（鬼塚，2000；神戸学院大学人文学会・経済学会，2002）。

　続いて，製造拠点も着実に確保し，1977年，ジェレンク株式会社との合併により，縫製7工場（福井，武生，若狭，山口，北九州，大牟田，宮崎）を引き継ぎ，1994年には江鮮愛世克私有限公司を

---

[1]松下電器産業なども，2008年に社名をパナソニックに変更している。こうした社名の漢字表記（特に創業者の苗字を関した社名）→ローマ字・カタカナ表記は，世界市場を視野に入れての行動であると考えることができる。

中国に設立し，製造拠点を海外にも拡張した。さらには販売網も拡張し，1977年，ジェレンク株式会社との合併により，アシックススポーツオブアメリカ INC.を引き継ぎ，86年にはアシックスタイガーオセアニア PTY.LTD.（後のアシックスオセアニア PTY.LTD.）設立，90年にはシックスフランス S.A.設立，91年には，アシックスベネルクス（オランダ）B.V.設立，92年には，アシックス UK リミテッド設立，94年，アシックスヨーロッパ B.V.（欧州の販売統括会社）設立し，海外において積極的に営業活動を展開している。97年には，アシックス北海道販売株式会社，アシックス中部販売株式会社を設立し，国内の販売拠点を拡充した。82年には，物流網を整備すべく，アシックス物流会社を設立した（鬼塚，2000；神戸学院大学人文学会・経済学会，2002）。

1.3. オニツカタイガーの逆輸入とグローバル化の進展

　アシックスではさらなる需要の拡大を目指すべく，アシックスのメインの顧客であった，「スポーツユーザー（消費者）」のみならず，一般のユーザーを取り込むことを目指した。その手段として考えられたのが，ナイキの「エア・ジョーダン」の発売以降，ファッションのひとつとして認知されてきたバスケットシューズの「街履き（外出用にファッションとしてスポーツシューズを着用すること）」化である。こうしてアシックスでは，レトロ志向のオニツカタイガー，「メキシコ66」を完成させ，その販売を目指した。街履き化を志向した，復刻版のオニツカタイガーは，最初は欧州で発売され，その人気はヨーロッパから火がついた。

　最初，アシックスでは，復刻版のオニツカタイガーを従来とは違うセグメント（ユーザー）に売り込むべく，スポーツ洋品店ではなく，ファッション系の小売店で取り扱ってもらうことを想定していた。しかしながら，アシックスはスポーツ用品のイメージが強く，ファッション系の小売店では取り扱ってはもらえなかった。そのため，アシックスでは「アシックス」という企業に対する先入観の弱い海外（ヨーロッパ）で，復刻版のオニツカタイガーを販売することを試みた。ヨーロッパにおいて，オニツカタイガー人気が浮上すると，日本の小売店も黙ってはいない。代官山の有名セレクトショ

ップ「ハリウッドランチマーケット」から，オニツカタイガーを扱いたいとの問い合わせが入り，それを皮切りに，日本のファッション地帯の小売店での取り扱いに成功し，オニツカタイガーは，ファッション系のシューズとしての地位を確立したのである。オニツカタイガーのヒットを受けて，アシックスでは，東京本社内に「オニツカタイガー」の企画・開発チーム結成し，専門の直営店舗を運営にするに至る（鬼塚，2000；神戸学院大学人文学会・経済学会，2002）。

オニツカタイガーのヒットを契機に，アシックスは積極的にグローバル化を展開している。オニツカタイガーのヒットは，海外における新規顧客の取り込み，ブランド・イメージの向上を実現したのである。2000年の売上は1260億円で，海外売上比率は34％であったものが，2005年には海外売上比率は54％と50％を超え，売上は1710億円と拡張している（平田，2017）。

アシックスにおける直近の各地域の売上構成は，日本地域約1099億円，北米地域約861億円，欧州地域約1066億円，中華圏地域約525億円，オセアニア地域約247億円，東南・南アジア地域109億円，その他地域351億円となっており，日本以外の地域の売上が増え，日本における売上比率は低下しており，グローバル化がますます加速していることが伺える（株式会社アシックスホームページ「有価証券報告書」）。

2. 国際経営について

2.1. 国際経営とは

日本と中国，日本とアメリカなどのように，2か国以上で展開される企業の経営活動のことを指す。こうした2か国以上の国で経営活動を行っている企業のことを多国籍企業という。その意味では，アシックスも，トヨタも，パナソニックも，アメリカのNFL（National Football League）や，NBA（National Basketball League）も皆多国籍企業である。では，なぜ国をまたいで経営を行うのか，その動機として2つ挙げることができる。まずは，新たな市場（顧客）の拡大を目指して海外に進出するためである。これは，例えば，すでに自社の製品が顧客に行き渡っているか，強力なライバルがいるなどの

理由で，国内においては，これ以上市場の拡大を望むことができないゆえ，新たな顧客の獲得を目指して海外に進出するのである。アメリカに多くのファンを持つ NFL などは，スーパーボウルなどが国民的な行事となっていることからも分かるように，アメリカ国内において，これ以上シェアを伸ばしていくことは難しい。しかしながら，日本におけるアメリカンフットボールの認知度にも見られるように，世界に目を向けていくことで，まだまだ収入の拡大は見込めると考えられる。一方，NBA や MLB（Major League Baseball）などは，NFL という圧倒的な存在と，対抗勢力（NASCAR や WWEなど）の存在により，国内のプロスポーツ市場は飽和状態に達しており，さらなる収入の拡大は見込めないかもしれない。しかしながら，海外に目を向けてみれば，まだまだ十分なファンの開拓は見込める。日本人選手の獲得などに代表される近年の，MLB による日本人ファンの取り込みなどは，MLB 国際戦略の代表的な事例であろう。もうひとつの国際化の動機は，企業が自国では手に入らない経営資源を入手するためである。日本よりは，中国や台湾，東南アジアなど他のアジア諸国のほうが賃金は安い。ゆえに，日本よりも海外で生産をしたほうが安価なコストで，製品を製造することが可能となるのである。これは，スポーツメーカー以外の製造業でも起こっている流れであり，ナイキなども生産拠点を韓国，中国などの東アジアから東南アジアへとシフトさせている。

2.2.　ゲマワットの AAA（国際化の 3 つの基本戦略）

　世界は国，地域間での経済の垣根が低くなり，ヒト，モノ，カネの移動が容易になりフラット化は進んだものの，依然として国ごとの差異があり，完全なグローバル化（標準化）には至っていない。こうした現状を，ゲママットは，「セミ・グローバリゼーション」と呼んでいる（Ghemawat, 2007）。

　ゲママットは国ごとで解消されない差異として，
・文化的差異（Cultural：言葉，民族，宗教，価値観など）
・政治的差異（Administrative ：政治的対立，共通通貨の有無など）
・地理的差異（Geographical：物理的な距離，時差，気候，衛生状態など）

・経済的差異（Economic：貧富，経済規模の差，天然資源，人的資源，インフラの質やそれを得るための費用など）

の 4 つを挙げ，ゲマワットは国ごとに解消されない差異をこの頭文字を取り，CAGE と称している（Ghemawat, 2007）。

　国際化を目指す企業は，ゲマワットが指摘するような国ごとのこうした差異を認識した上で戦略を策定・実行することが求められるのである。

　ゲマワットは，企業の国際化のための戦略として 3 つの基本戦略（＋1）を提示している（Ghemawat, 2007）。

　まず一つ目の戦略は進出先の各国のローカル市場への取り組みを強化することで売上と市場シェアを伸ばす適応戦略である。これは現地化を重視する適応重視の戦略である。適応戦略ではターゲットとする国で製造・販売拠点を設立し，各拠点で独立した活動を行うことになる（Ghemawat, 2007）。

　スポーツ用品メーカーのケースで言えば，進出先国に拠点を設けてそこで製造・販売を行うことが適応戦略に該当しよう。

　二つ目の戦略は，製品やサービスを各国で標準化し，開発と生産プロセスを統合し，規模の経済性に基づく効率性を追求する集約戦略である（Ghemawat, 2007）。スポーツ用品メーカーのケースで言えば，本国で生産したものを海外に輸出したり，本社のブランドを強化することが集約戦略に該当しよう。

　三つ目の戦略は，それぞれの国の間に存在する差異から競争優位を生み出そうとする裁定戦略である。裁定戦略は 4 つの差異を巧みに利用する戦略である（Ghemawat, 2007）。先に述べたように自国で製品のデザインを行い，製造は東南アジアで行うことにより製造コストを削減することを目指すナイキが裁定戦略に該当しよう。

　最後の＋1 の戦略は，適応＋集約，適応＋裁定，集約＋適応など上記の 3 つの戦略のうち 2 つ以上の戦略を実現する複合 AA 戦略である。

　パソコン，電化製品のような国ごとの差異をそこまで考慮しなくて済む製品は集約戦略による規模の経済の実現に基づくコストダウンが理想であろうが，スポーツシューズの場合は足の形や大きさなど，地域ごとの差異は大きい。そうであるのならば，スポーツ用

品メーカーでは完全な集約戦略では困難であり，トップアスリートを活用したエンドースメント（選手によるスポーツ用品の推奨）により製品のブランドの維持・向上を世界レベルで図りながらも，各地域のニーズにあったシューズを開発することが求められてくる。その意味では，アシックスを含めたスポーツ用品メーカーでは，グローバルレベルでのブランドの強化（集約戦略）と各地域のニーズに対応した行動（適応戦略）の二つが求められる，すなわち複合AA戦略が求められると言えよう。

　そのように考えると，スポーツ用品の世界市場を制するには，スポーツ用品としての技術力のみではなく，グローバルなブランド力の構築が重要となる。具体的に言えば，いかに影響力のあるアスリートと（エンドースメント）契約をするかの争いとなっている。

3.　おわりに

　今日のスポーツメーカーを含む企業経営を踏まえると，企業としての売上を拡大していくためには，国内だけでなく，海外市場を視野に入れる必要がある。しかしながら，海外においては当然，文化や慣習が異なるだけでなく，製品そのもののニーズも異なる。自社の国内での強みを生かしながら，進出先国のニーズを敏感に感じ取り，製品開発に生かし，販売していくことが重要である。

＜課題＞

　アシックス以外の国際化している企業を取り上げ（スポーツ系企業でなくても構わない），その活動（現地ニーズをどのように掴んでいるか，文化摩擦は起きていないかなど）を適応戦略，集約戦略，裁定戦略，複合AA戦略のいずれかの視点から分析してみよう。調べるに当たっては，インターネットだけでなく，雑誌や新聞，論文なども活用してみよう。

＜参考文献＞

平田竹男（2017）『スポーツビジネス最強の教科書（第2版）』東洋経済新報社

Ghemawat, P.（2007）, *Redefining Global Strategy : Crossing Borders in a World Where Differences Still Matter*, Harvard Business School Press.（望月衛訳『コークの味は国ごとに違うべきか』文藝春秋、2009 年）

神戸学院大学人文学会・経済学会編（2002）『私の企業戦略』神戸新聞総合出版センター

鬼塚喜八郎（2000）『アシックス鬼塚喜八郎の「経営指南」』致知出版社

吉原英樹（2001）『国際経営〔新版〕』有斐閣

＜参考 URL＞

アシックス株式会社ホームページ　http://www.asics.co.jp/（2022.10.30 アクセス）

```
┌─────────────────────────────────────────────┐
│                                               │
│               第 9 章                         │
│                                               │
│        スポーツ経営における多角化             │
│                                               │
└─────────────────────────────────────────────┘
```

1.　マンチェスター・ユナイテッドの事例

1.1.　マンチェスター・ユナイテッドの概要

　マンチェスター・ユナイテッド・フットボール・クラブ（以下本文では MU と表記）は，赤い悪魔（Red Devils）の異名を持つ，イギリス・マンチェスターに本拠地を置くプロサッカークラブである。その名は，サッカーに興味のない人でも聞いたことがあるように，世界的な知名度を有する（世界中にファンを有する）。

　MU が所属するプレミアリーグは，いまだにその市場規模を年々拡大させており，MU はその中でも卓越した順位と，収益性を誇っている。2020〜2021 シーズンの MU 売上は 5 億 5800 万ユーロで，これはヨーロッパのプロサッカークラブにおいてはマンチェスター・シティ，レアル・マドリード，バイエルン・ミュンヘン，FC バルセロナに次ぐ数値である（『Deloitte Fotball Money League2022』参照）。

1.2.　発展の歴史

　MU の起こりは，マンチェスターの鉄道会社の工員により結成されたサッカーチームである。そのチームは，名前を「ニュートン・ヒース・ランカシャー・アンド・ヨークシャー・レイルウェイ・クリケット・アンド・フットボール・クラブ」といった。同クラブは，他の鉄道会社のチームと試合をするためや，従業員の福利厚生のため設立され，プロ化は志向していなかった。しかしながら，対外試合の成績が良かったこと，メンバー間でプロ化の機運が高まってきたため，活動は本格化する。1892 年には，クラブ名を「ニュート

図表 9-1　マンチェスター・ユナイテッドの概要

創設	1878 年
所属リーグ	イングランドプロサッカーリーグ
所属ディビジョン	プレミアリーグ
ホームスタジアム	オールド・トラフォード（75,653 人収容）
売上高	5 億 5800 万ユーロ
入場料収入	800 万ユーロ
放映権収入	2 億 8780 万ユーロ
商業収入	2 億 6220 万ユーロ

『Deloitte Football Money League2022』を基に筆者作成。

ン・ヒース・フットボール・クラブ」に改名し，フットボールリーグに加盟し，プロチームへの第一歩を踏み出した。1894〜95 年には，二部リーグ（ディビジョン・ツー）でプレイするも，クラブにはその経営を支える明確な財政基盤がなかったため財政危機に陥ってしまう。1902 年に，地元の醸造業者のジョン・デイビーズが会長に就任することで，その財政基盤を支え，クラブ強化に着手することになる。この時にクラブ名を「マンチェスター・ユナイテッド・フットボール・クラブ」へと改称している（『SMR』第 7 号）。

　クラブ強化に乗り出した MU は，1905〜06 年シーズンには 2 部で 2 位になり，1 部昇格，1907〜08 年，リーグ初優勝，1910 年には，リーグ優勝し，新スタジアム（オールド・トラフォード）も完成する。しかしながら，1910 年以降は，成績が低迷し，1 部下位，2 部を行き来するという状況に陥る。さらには，それに追い討ちをかけるように 1945 年，ドイツ軍の空爆を受け，オールド・トラフォードが大破されてしまう。この時期は悪いことばかりではなく，マット・バスビーが監督に就任し，主要選手やコーチングスタッフの刷新，ユースシステムの確立，攻撃的サッカーの徹底などが図られ，チームの成績は安定した（3 シーズン連続で 2 位）。こうした改革の成果もあり，1947〜1948 年には，FA カップ（日本の天皇杯のモデルになっているイギリスの全サッカークラブによる選手権大会）を制覇する。この時期に MU は若手選手の発掘，育成を推し

進め，1951〜52 シーズンには，リーグ優勝，1955〜56 年以降は，2連覇を達成する（『SMR』前掲号）。

　順調にも見えた MU であるが，悲劇が起こる。1958 年 2 月 6 日，ユーゴスラビアでチャンピオンズカップ（現チャンピオンズリーグ。欧州の各国のクラブにより行われる試合）の試合を終えた選手を乗せた飛行機が，ミュンヘンで再給油を終えた後に離陸に失敗し，ダンカン・エドワーズなどを含む 7 名の選手と，15 人のクラブ関係者が帰らぬ人となってしまう。いわゆる「ミュンヘンの悲劇」である。ミュンヘンの悲劇を生き延びた，ボビー・チャールトン，デニス・ロウ，ジョージ・ベストを中心に，チームの再生・編成がなされ，1964〜65 年，1966〜67 年シーズンに，リーグ優勝，1967 年には，チャンピオンズカップを獲得する。しかしながら，バスビー退任，デニス・ロウ等主力選手の退団により，次第にチームも弱体化していく（『SMR』第 7 号）。

　1986 年に，アレックス・ファーガソン監督に就任し，選手の規律強化と戦力補強など弱体化したクラブの改革に乗り出す。その成果もあり，1989〜90 シーズンには FA カップ優勝を果たす。そして，1992 年〜93 年シーズンに，一部所属のチームにより「プレミアリーグ」が設立される。プレミアリーグの設立は，優良な（テレビ番組としての）コンテンツを求めていたイギリスのテレビ局により，強力に推し進められた。MU は，プレミアリーグの初代王者となり，以降，エリック・カントナ，ロイ・キーン，デビッド・ベッカムなどのスター選手も誕生し，MU は黄金時代を迎えることとなるのである（『SMR』第 7 号）。

1.3.　マンチェスター・ユナイテッドの多角化

　マンチェスター・ユナイテッドでは，「マンチェスター・ユナイテッド」というブランドを活かし，積極的な多角化経営を展開している。

①　株式上場による直接金融

　「直接金融」とは，企業が株式を通じて，経営に必要な資金を獲得することである。直接金融により集められた資金は，返済の義務はない（儲かった場合は，「配当」という形で利益還元を行うが，

儲からなくても返済をする必要はない）。MU では，クラブの株を
証券取引所に上場することにより，多くの投資家により，クラブの
株を購入してもらえるよう努めていた。熱心なサポーターであれば，
当然応援しているクラブの株式を購入することとなるであろうし，
強いブランド価値を持つマンチェスターであれば，投資を行いたい
個人投資家，機関投資家も当然出てこよう。

② オールド・トラフォードの改修

MU では，2 億 5000 万ポンド（日本円で 500 億相当）かけ，オー
ルド・トラフォードを改修する（数値は各種報道資料を参考）。観
客により楽しんでサッカーを観戦してもらおうという配慮である。
改修にあたっては，シーズンシート，エグゼクティブシートなど設
置し，収益が発生する仕組みを構築した。

③ マーチャンダイジング（商品販売）部門の設置

MU では，クラブ関連のグッズの開発・販売も行っている。同事
業を行うに当たっては，マーチャンダイジングの専門家，エドワー
ド・フリーマン，スポーツ・アパレルメーカーに勤務していたピー
ター・ケニオンを採用し，専門的知識・経験を獲得している。他，
デザイン性を重視すべく，スポーツメーカーのナイキと提携し，製
品開発を行っている（『SMR』第 7 号）。

こうして作られた各種グッズであるが，中間業者などを介するこ
となく，MU により設置された直営店舗などで販売され，その収益
は MU のものとなっている。

④ ケータリング部門の設置

MU では，スタジアムにおいて販売される飲食物を，クラブ自ら
が作るだけでなく，飲食店『レッドカフェ』を運営したり，飲食物
のケータリングサービスを行ったりしている（『SMR』第 7 号）。

⑤ 金融部門（MU ファイナンス）・保険部門の設置

自らが，銀行や保険会社を経営することにより，ファンから資
金を集めることが可能になる。銀行は，預金者の貯金が経営の元手

となり，保険会社は，加入者の保険料が経営の元手となっている。そのため，加入者が多ければ多いほど，大きな事業を行うことが可能となるのである。加入者には，選手のグッズがあたるなどのサービスを行っている。MU ファイナンスではクラブ公式クレジットカードを発行し，住宅ローンサービスやカード利用額に準ずるポイント還元システムによってプレゼントされるスペシャルグッズや体験イベントの参加権などが与えられる（大山，2019）。MU が，金融部門を持つことは，自らの経営に必要な資金を，そこで借り入れることが可能となることを意味する。経営に必要な資金を，銀行から借り入れることを，「間接金融」という。間接金融は，直接金融と違い，返済の義務が発生する。

⑥ メディア部門の設置

ボーダフォン（現ソフトバンク），ペプシコーラ等の企業とスポンサー契約を結び，専門チャンネルを開設したり，クラブ自らが雑誌などを発行したり，独自メディアを持つことにより，クラブの情報を自らが発信している（『SMR』第 7 号）。

他，マネジメント手法としては，フィールド・マネジメントの面では，忠誠心が高く，技量に優れた選手をクラブ自らが育成し，トップチームへ送り込むことを重視することにより，選手をクラブに定着させることを試みている。具体的には，MU では，スクール・オブ・エクセレンスや，ユースアカデミーなどによる選手の育成や，コーチ陣などのユースチームの環境整備などにより，未来ある選手の育成を実現している。こうして，スター選手になる選手も出てくるわけであるが，MU では，選手に対し，税金，引退後の所得などの提案を盛り込むことで，年俸を引き下げ，人件費の縮減を実現している。こうした引退後の保証は，人件費の縮減以外にも，選手をクラブへ繋ぎ止めるやすくする効果があると考えることができる（複数の二次資料を参考）。

スター選手の流出は，ファンの流出を招く危険性もある。ゆえに，こうした一連の施策は，ファンを MU へと留めているとも考えることができる。

2. 多角化とは

2.1. 多角化の動機

　多角化とは，今回の MU のように，プロサッカークラブが銀行経営やケータリング事業を行うなどのように，ひとつの企業が複数の事業を行うことである。では，なぜ企業は多角化する必要があるのか。その理由のひとつは，多角化は収入の拡大を志向して行われることが挙げられる。より多種のものを売れば，それだけ企業には多くの収入がもたらされることになる。MU の場合で言えば，スタジアムにおける観客の動員率は，100％で，入場料収入はこれ以上伸びる見込みはない（数値は各種報道資料を参考）。しかしながら，入場料収入だけではクラブ経営にかかるコストを賄うことは不可能である（選手の年俸など）。そのために，他の事業を行うことにより，収入を伸ばすという手段は，ひとつの経営戦略上の方策であると言える。その他の理由としては，リスクの分散（いろいろな事業を行うことにより，ある事業がうまくいかなくても，他の事業で収入を確保することを目指す），学習の機会の獲得（MU の場合で言えば，クラブでテレビ番組などを持つことにより，「より面白いサッカーの見せ方」を学び，それが MU の本業であるスタジアム運営，クラブ運営に活かされている可能性が高い。すなわち，多面的に事業を捉えなおす機会を得ることができるのである）などが挙げられる。

2.2. 多角化の形態

　次に，多角化の形態を検討するが，多角化には，2 つの形態がある。まずは，同じ技術・同じ流通網・同じ顧客など，各事業間に関連性ある「関連多角化」，2 つ目は，事業間に関連性のない「非関連多角化（コングロマリット）」が挙げられる。では，MU はどちらに分類されるのか。グッズ販売，ケータリング，金融，保険，メディア…。いずれの事業も何の関連性もなさそうに見受けられ，非関連多角化であるかのように思われる。しかしながら，MU の多角化は，関連多角化であると考えることが可能である。MU の多角化は，「マンチェスター・ユナイテッド」というブランドを生かし，

クラブのサポーターや,愛好者を対象としている(同じ顧客)ため,関連多角化に分類されると考えることができる。

　一般的には,事業間に関連性のない非関連多角化よりも,事業間に関連性のある関連多角化のほうが,「シナジー(相乗効果)」がはたらき,コストが削減されたり,業務を効率的に行うことが可能になるので成功しやすいといわれている。シナジーとは,個々別々にものごとを行うよりも,一緒に行ったほうが,より効率性・効果を発揮することを表す意味である。一般的には,「コア・コンピタンス(中核的競争能力)」がシナジーの源泉になっている場合,多角化の成功確立は上がるといわれている。

　コア・コンピタンスとは,ハメル＝プラハラット(1995)により提唱された概念で,企業に利益をもたらし,他の企業が真似できず,他の事業分野にも応用の利く能力のことである。ホンダにおけるエンジンを作る能力,ソニーにおける小型化された製品を作る能力などがこれに該当しよう。では,MUにとっては,何がコア・コンピタンスに該当するのか。

　MUにおけるコア・コンピタンスとは,100年以上に渡りファンから支持されてきたマンチェスター・ユナイテッドの「ブランド」そのものではないであろうか。ブランドとは,「特定の企業・商品の商標・銘柄」のことである。ブランドのイメージが好ましいものであればあるほど,企業にメリットをもたらしてくれるのである。それだけ消費者に好意的な印象を与え,消費者を購買へと向かわせるためである。これは,他のクラブが容易に模倣することは難しい。なぜならば,それを模倣しようと思ったら,MUが経てきた100年の栄光と挫折の歴史を模倣しなければならないためである。MUのファンは,そうした長い歴史を経て構築されてきたMUというブランド(=チーム)に惹かれているのである。MUでは,このブランドを軸に多角化経営を展開している。そうすることで,MUのファンへと働きかけ,彼らを顧客として各事業において取り込んでいるのである。その意味で,MUは,ブランドを軸とした関連多角化経営を展開していると考えることができるのである。こうして考えていくと,MUの多角化経営は,強力なブランド力を持つMUだからこそ可能な経営手法であるともいうことができよう。

3. 価値のあるブランドを作るためには？

　ここで，価値のあるブランドを作るために何が必要かを拙著（2011）を参考に考えてみたい。価値のあるブランドを作るためにはまずはそのブランドが視認性の高いものでなければならない。すなわち多くの人々がそのブランドを日常的に見たり聞いたりする機会があり，良く知っていることが必要となる。二点目は，そのブランドのイメージが良いものであることである。そのブランドのイメージが良いものであって初めてそのブランドは価値を持つのである。最後三点目は価値のあるブランドは長い時間をかけて作られるということである（経路依存性）。一朝一夕では価値のあるブランドは作られず，長い時間をかけて作られるのである。MU は 100年以上の長い歴史を持つプロサッカークラブであり，多くのスター選手を抱え，プレミアリーグの開幕以降常に安定した戦績を誇ってきた。そしてイギリス国内外で多くのメディアが MU を取り上げるゆえに多くの人々が MU について見聞きする機会が多く，視認性は高い。以上を踏まえると MU は価値のあるブランドが有する三つの要件である視認性，良いイメージ，歴史を備えていると言えよう。

4. おわりに

　以上，本章では，世界的に多くのファンを有する MU の事例から，スポーツ経営における多角化について検討してきた。そこにおいて，MU は，そのブランドをベースとし，多様な事業を展開していることが確認されたが，そのブランドはあまりに強力で，長い歴史を経て形成されたものゆえ，安易に他のクラブが MU の方法を模倣することは困難であることが分かった。その意味では，プロスポーツクラブにおける多角化経営は，MU ならではの経営手法といっても差し支えないであろう。MU の事例から一般のスポーツ経営学において考えられそうなことは，まずは，自らを見つめ，自らの武器となりうるコア・コンピタンスを構築することこそが先決であり，それが重要であるということであろう。

＜課題＞

　MU 以外の多角化している企業について調べ（スポーツ系企業でなくても構わない），その経営について調べた上で，その企業の多角化が関連多角化か，そうでないかを論じ，関連多角化の場合は，その多角化のコアとなっている能力（コア・コンピタンス）について考えてみよう。

＜参考文献＞

Hamel, G. & Prahalad, C. K.（1994）,*Competing for the Future* , Harvard Business School Press.（一條和生訳『コア・コンピタンス経営』日本経済新聞社，1995 年）

林倬史・関智一・坂本義和編著（2006）『経営戦略と競争優位』税務経理協会

広瀬一郎編著（2006）『スポーツ MBA』創文企画

大野貴司（2011）『スポーツマーケティング入門―理論とケース―』三惠社

大山高（2017）『海外のサッカーはなぜ巨大化したのか』青娥書房

＜参考資料＞

ブックハウス・エイチディ『SMR』第 7 号

＜参考 URL＞

Deloitte Football Money League 2022 report
　　https://www2.deloitte.com/content/dam/Deloitte/br/Documents/consumer-business/deloitte-football-money-league-2022.pdf
　　（2022.10.30 アクセス）

第 10 章
スポーツ経営における企業家精神

1. ミズノの事例

1.1. ミズノの設立と成長

　美津濃株式会社（以下ミズノと表記）の創業者である水野利八は
1884 年（明治 17 年）岐阜県大垣市に誕生した。利八が 9 歳のとき
に父親が他界し，12 歳で大阪に奉公へ出かけた。利八には商売の
才能があり，メキメキと頭角を表し，17 歳のときには，京都の織
物問屋の番頭となり，将来を嘱望される身分となった。水野利八と
スポーツの出会いは，1903 年，利八が 19 歳のときであった。利八
は，19 歳のときに京都の第三高等中学校（現京都大学）のグラウ
ンドで行われた三高野球部と，神戸の外国人クラブとの試合を観戦
したのである。当時は，「野球狂時代」とも呼ばれるほど，国民の
野球熱は高く，たくさんの人が観戦に訪れていた（第 13 章におい
て詳述するが，今のようにレジャーが氾濫している時代ではなく，
スポーツ観戦は，格好の娯楽であった）。そこで，利八ははじめて
野球を見たわけであるが，一文の利益にもならないスポーツに真剣
に取り組む選手たちの姿は，これまで商売の世界しか知らなかった
利八に感動を与え，利八は野球（＝スポーツ）の魅力を存分に知る
こととなった。これがきっかけで利八は，自分の人生を通じて野
球・スポーツの楽しさ・素晴らしさを広めたいと決意するのである
（現代情報工学研究所，1985）。
　利八は，呉服屋を辞し，1906 年，弟の水野利三と「水野兄弟社」
（大阪北区芝田町）を設立した。最初は洋服や用品を販売し，後に，
織物問屋で培った技能を活用し，スポーツ服のオーダーメイドを開
始した。1909 年，梅田新道に移転し，社名を「美津濃商店」に変

図表 10-1　ミズノの企業概要

会社名	美津濃株式会社
経営理念	より良いスポーツ品とスポーツの振興を通じて社会に貢献する
創業	1906 年
創業者	水野利八（1884〜1970 年）
資本金	261 億 3700 万円（2022 年 3 月時点）
事業内容	スポーツグッズ，スポーツウェアなどスポーツに関わる製品の製造，卸売，販売，各種スクール事業
売上高	1727 億 4400 万円（2022 年 3 月期）
当期純利益	77 億 1700 万円（2022 年 3 月期）
従業員数	3,782 名（2022 年 3 月時点）

美津濃株式会社ホームページ「会社概要」，有価証券報告書を参考に筆者作成。

更した。なぜ「水野」から「美津濃」に変更したのか。これは，将来店が発展し，水野家以外の才能のある人間が店内で台頭する可能性も考え，彼らにも店を任せる可能性が出てくることを考えてのことである。それゆえ，水野ではなく，利八の出身でもある美濃（大垣も含まれる）にちなんで，美津濃に社名が変更されたのである（現代情報工学研究所，1985）。

　先述のように，1900 年代は野球狂時代であった。アメリカのオールスター来日でこの野球熱はさらに加速された。他，ゴルフ，マラソンなども人気があり，「見るスポーツ」は，当時の日本におけるひとつのブームとなっていた。そのため，「スポーツ選手」は国民のヒーローであった。

　ミズノでは，呉服商時代の知識や経験を駆使したり，アメリカのファッションを参考にしながら，こうしたスポーツ選手にオーダーメイドの服を提供し，スポーツ選手のニーズに合う服を作ることにより，スポーツ選手に愛用されることを目指した。スポーツ選手たちに支持される店となることで，憧れのヒーローであるスポーツ選

手がミズノで購入した服を一般の人々もこぞって買い求めるように
なった。そうすることで，ミズノは「スポーツマンの洋品店」という
いうブランドの構築に成功し，ミズノの売上は，飛躍的に上昇して
いったのである（現代情報工学研究所，1985）。

　この意味では，ミズノもアシックスと同様，「頂上戦略（トップ
アスリートの支持されるような製品を作ることにより，流行に敏感
なユーザーの支持も得る戦略）」を実施することにより，成功を収
めたと言える。

1.2.　スポーツ用品の製造

　スポーツ選手の服（ウェア）の成功により，十分な収益を獲得し
たミズノが，最初に手がけたスポーツ用品は，野球ボールとグロー
ブであった。しかしながら，当時のわが国の野球は「見る」人気は
高かったものの，「する」人気は十分ではなく，工場で大量生産を
しても，十分なモトが取ることは，不可能であると考えられていた
（現代情報工学研究所，1985）。

　では，どうすれば野球用品を製造することにより，十分なモトを
取ることができるのか。

　水野利八が考えたのは，野球の競技人口を伸ばすことであった。
その手段として利八は，野球大会を主催し，野球の競技人口を増や
そうとした。ミズノが主催した大阪実業団野球大会（現在の都市対
抗野球）は，春秋に渡り，計60回近く行われ，かなりの好評を博
した。大会を続ける間に，野球用品の製造を開始し，1914年には
堂島工場を開設し，本格的な生産体制に乗り出した（現代情報工学
研究所，1985）。

　ミズノは，さらなる競技人口の拡充を図るべく，学生野球の開催
を企画し，第1回関西学生野球大会を開催した。この大会は，泊り
込みで観戦しようという人も出るくらいの大盛況であった（後にミ
ズノは，学生野球大会の主催権を，朝日新聞に開催権を委譲してい
る。後の甲子園野球大会である。その意味では，水野利八は甲子園
野球の生みの親であるとも言える）。他，ミズノは，東京実業団野
球大会，全国実業団優勝野球大会，大阪少年野球大会，東京少年野
球大会などの各種野球大会を開催し，野球の普及と競技人口の拡大

に貢献した。その他，ミズノでは庭球大会なども実施し，スポーツの普及に貢献している（現代情報工学研究所，1985）。

　以上，水野利八は野球用品を売るために，様々な野球の大会を開催し，野球の競技人口を増やすことで，市場の開拓を実現しようとしたのである。

1.3.　ものづくりへのこだわり

　水野利八は，ミズノがプレイする選手にとって良い製品を提供することで，一人でも多くの選手がより高いパフォーマンスを残せるようにすることこそが，より豊かなわが国のスポーツ文化を構築することを可能にすると信じていた。それを実現するためには，当然のことながら，質の高いスポーツ用品を作らなければならない。これこそが，ミズノという企業が品質に重点を置いている理由であり，こうしたこだわりは，水野利八が生前よく口にしていた，「ええもんつくんなはれ」という言葉にあらわれている（現代情報工学研究所，1985）。

　では，良い製品を作るためには何が必要になるのか。まずは，消費者のニーズを満たせるような製品を作ることである。そのためには，消費者が何を望んでいるのかを知り，そのニーズを充足できるような製品を製造しなければならない。そのためには，消費者のニーズや，その充足方法を十分調査しなければならない。ミズノでは，トップ選手のニーズを細かく調査し，それを満たしていく頂上戦略を採用していたことは，先述の通りである。一流のスポーツ選手に愛用され，彼らからのきめ細かな要望に応え続けていくことで，製品の性能も上がっていくとミズノでは考えたのである。ミズノでは，陸上競技や水泳のトップアスリートを自社の社員として契約し，競技を行う環境を提供する代わりに，製品の試用や助言を求める契約を結んでいる。次に，トップ選手のニーズを形にしていくためには，その裏づけが必要になる。つまり，トップ選手のニーズを，製品という形にしていく技術力が必要になるのである。すなわち，頂上戦略を可能とする研究・生産施設の必要性である。ミズノでは，養老工場を初めとした工場を保有し，選手のニーズを形へと変えていくよう努めていた。しかしながら，そうしたトップ選手のきめ細やか

なニーズを形にしていくためには，機械などの「科学の力」だけで
は限界がある。最終的には，人間の技能や経験に裏付けられた，カ
ンが必要になるのである。ミズノでは，久保田五十一（現在は引退）
などの名工と言われる職人を抱え，そうした機械のみで対応できな
い部分へ対応し，より性能の良い製品を世に送りだせるよう努めて
いたのである。以下，こうしたこだわりや，技能により作られた数
多くの製品について検討したい。紙幅の都合上，ここでは数個の事
例を挙げるにとどめる。

Case.1 金属バット

　ミズノでは，アメリカで開発された金属バットを日本に持ち込み，
改良を重ね，75年に日本で発売した。他社も，ミズノの動きに追
随するが，グリップがすっぽ抜けて飛んでしまうなど，安全性に著
しく欠ける金属バットが多かった。そこで，高野連が調査に乗り出
し，安全基準に適合しないバットは回収することを決定した。安全
基準に適合していたのは，ミズノの金属バットのみであった（現代
情報工学研究所，1985）。

　こうして，高野連の調査は，野球用品におけるミズノの地位をさ
らにゆるぎないものとすることに貢献したのであった。

Case.2 木製バット

　戦後直後に使用されていたバットは，木の素材が悪くて，良く折
れてしまった。しかしながら，もののない時代ゆえ，十分バットが
なく，試合や練習を滞りなく行うためにはバットは丈夫であること
が求められたのである。そこで，利八は，樹脂を入れることでバッ
トの硬度を上げ，この問題を解消した。樹脂を入れたバットは，1957
年に特許が取得された（現代情報工学研究所，1985）。

　イチローのバットは樹齢70年のアオダモを使用（ひとつの幹か
ら一本しか作れない），ヘッド直径60.5ミリというきわめて細いバッ
トであり，それを作るためにはかなりの技能や経験が求められる。
こうして作られたバットは，選手が使用するだけでなく，「○○（プ
ロ野球選手の名前）モデル」という形で市場に送り出されている。

Case.3　硬式野球ボール

　賛否両論あろうが，野球が盛り上がるのは，やはりホームランの瞬間であろう。そこで，ミズノではホームランの出やすいボールの開発に着手した。硬式野球ボールは，インパクトの瞬間にへこんだボールのへこみの復元力が，早ければ早いほどよく弾み，ホームランが生まれやすくなる。へこみの復元力は，ボールの中に入っている毛糸の良し悪しに大きく左右される。再生ウールだと戻りが遅く，新羊毛だと戻りが早くなる。そこでミズノでは，試合球には100パーセント新羊毛を使用し，よくはずむボールの製造に成功した（現代情報工学研究所，1985）。

図表 10-2　ミズノの硬式野球ボールの断面

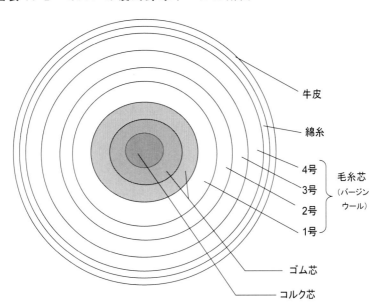

現代情報工学研究所（1985），174頁を基に筆者作成。

　以上，ミズノでは，職人と科学的なアプローチの双方からトップ選手のニーズを形として実現し，頂上戦略を実現している。これこそが，ミズノの「品質」の所以である。

こうした，トップアスリート，スポーツ選手の立場に立った製品開発こそがミズノの強さの源泉であると言えよう。こうした「匠」と，「科学力」をベースとして，ゴルフクラブ，スキー板，テニスラケットなど，他製品の開発を進め，ミズノは総合スポーツメーカーへと転身するのである。海外においても同様に，「匠」と「科学力」を積極活用し，海外進出に成功し，世界の中でも有力スポーツメーカーとなるのである。

1.4. 水野利八の人となり

水野利八は，「経営の神様」といわれる松下電器産業（現パナソニック）創業者の松下幸之助に「私に経営を教えてくれた人」といわれるほど，天才的な経営センスを持っていた。それは，美津濃商店という，零細小売店を世界に通用するスポーツメーカーへと成長させていった手腕からも明らかである。そして，商売だけでなく，製品の改良や開発に関しても，天才的なセンスを有していた。その一方で，利八は，ドケチといわれており，使用済みのちり紙や，郵便切手の耳さえ捨てずに再利用していた。ケチだと思われていた利八だが，その遺言に「自分の会社の持ち株 260 万株（発行済み株式の 18 パーセント）を売却し，スポーツ振興に役立てるように」と記し，1970 年に永眠した。売却された株式は，約 30 億円であった。ミズノでは，その資金を基に財団法人ミズノスポーツ振興会を設立した（現代情報工学研究所，1985）。

同財団は，「我が国のスポーツの振興に必要な事業を行い，もって国民の心身の健全な発達に資する」（同財団ホームページ参照）ために活動しており，主にアマチュアスポーツの振興のために活動している。水野利八の人生はまさに，スポーツとともにあった人生であったと言えよう。

2. スポーツ経営における企業家精神（アントレプレナーシップ）

以下，ミズノと水野利八の事例からスポーツ経営における企業

家精神（アントレプレナー）について考察してみる。ここでは，企業家（経営者）に求められる心構えと役割について検討したい。それをもって，スポーツ経営における企業家精神の検討に代えることとしたい。

① 経営理念

　経営理念とは，企業が何のために社会に存在するのか，すなわち，自社の存在意義を文章化したものである。企業の創業においては，経営理念の策定が求められる。経営理念とは，具体的には，なぜ自社が社会の存在するのか（自社が，どのような形で社会に役立つのか），自社をどのようにしたいのか，すなわち，自社の将来像を文章の形で明確化したものである。第5章で取り上げた北海道日本ハムファイターズのケースならば，「Sports Community」などがこれに該当しよう。スポーツを通じたまちづくりすなわち，スポーツ（プロ野球）を通じ，北海道という街自体を盛り上げていこうという理念である。ミズノの場合，経営理念は，「より良いスポーツ品とスポーツの振興を通じて社会に貢献すること」である（ミズノホームページ参照）。その意味では，経営理念は従業員が理解できるよう簡潔で分かりやすい言葉で書かれている必要がある（読者のみなさんも，興味のある企業のホームページを見てみて欲しい。どこの企業の経営理念も，簡潔で分かりやすいものであることに気づくはずだ）。この経営理念は，水野利八が亡くなり，40年を経過した今も，同社において受け継がれている。これは，息子健次郎，孫の正人がミズノに入社し，ミズノでの社会人生活を経て，利八により作成された経営理念を引き継いでいったことが大きいのではないかと考えられる。その意味では，自社の経営理念を理解し，実践出来るような経営者を育成すべく，早い段階での経営者教育が求められるのではないかと考えることができる。

　では，経営理念はなぜ重要になるのか。ひとつは，企業の存在意義（長期的な目標），そして企業が目指すべきビジョンを決定づけるためである。経営理念が策定されることで，自らが進むべき方向性や，企業において従業員に共有されるべき価値観が決定づけられるのである。もうひとつは，経営理念は社長のみならず，従業員の

信念や認識，行動様式を規定づけるためである。企業において求める価値や進むべき方向性を文章化し，共有を促すことにより，従業員の信念や，行動を規定するのである。その意味では，言語は我々の認識に強い影響を及ぼすのである。こうした信念は，経営者の組織の形成（すなわち組織文化の醸成）や，戦略の形成にも強い影響を及ぼす。以上を踏まえると，企業の経営理念とは経営活動の根幹をなすもの（戦略や組織の上位概念）であると考えても差し支えないのである。

② 価値観の組織内の共有

　企業では，社員それぞれが違う価値観の下，行動をしたらその組織はバラバラになる。そのような意味では，経営者は企業における価値を，組織に発信し，社員に説き続けなければならない。そうすることで，社員が企業にとって望ましい方向へ動いてくれるようマネジメントしていくのである。ミズノにおいては，創業者の利八の信念が言葉の形で具体化された，「スポーツ産業は聖業である」，「わが国のスポーツ用品，ウェアの歴史はすなわちミズノの歴史である」，「スポーツ産業は『気品』と『格式』を持たねばならない（価格ではなく，品質重視のフェアプレー）」等々の信念があった。社員を，企業にとって望ましい方向へと動かしていくためには，彼らに，そうした企業の信念を認識してもらわなければならない。そうした信念を認識・共有できる人材を，入社の段階で選別するという手段もあろうが，価値観の共有は，組織における社長や他社員との仕事上での公式的なコミュニケーション（会議，打ち合わせなど）や仕事以外での非公式的なコミュニケーション（ゴシップ，飲み会，挨拶など）などにおいて行われていく側面も有する。コミュニケーションとは，他者を自らにとって望ましい方向へと動かしていくための情報の伝達行為である。それ以外では，企業における価値観や理念を社長が発信し続けること，社是・社訓などの形で記すことなどが手段として挙げられよう。こうした組織内外の多様なコミュニケーションにより，社員に対し，自分がいる企業（組織）とは何者なのか，そして，その企業（組織）にいる自分とは何者なのかを確認させる必要性があるのである。この意味では，企業における社員

は，企業内部の人々との相互作用により，「社会化」している。社会化とは，社会の中で人が，親や教師，友人など他者との関わり（相互作用）を通じて，社会において求められる振る舞いや知識・技能などを体得し，社会人らしくなっていくことである。社会化の定義を踏まえるならば，「組織社会化」とは，組織（企業）における新参者（新入社員）が，先輩や上司，同僚などとの社会的相互作用の過程において，組織において求められる価値観や行動様式を体得しながら，一人前の組織メンバー（社員）となっていくことであると言える。こうした企業における社会化（組織社会化）をどのように促進させていくかを考えることも，企業をマネジメントしていく上で重要な事項である。

③　ヒトの重要性

どんなに良い戦略を策定しても，それが実行されなければ，戦略は「絵に描いた餅」である。戦略を策定するのは経営者かもしれないが，戦略を実行するのは「社員」，製品を作るのも「社員」である。そのような意味では，戦略を策定する経営者と同等に「社員」も重要であり，企業成長の源泉であるということができる。ミズノの事例においても，ミズノという企業は，水野利八や正人などの名経営者だけでは機能しえず，それを支えた数多くの社員たちがいた。例えば，現場でミズノの品質を担い続けた職人たちや研究員，営業活動を担う営業部員や広報部員などがおり，彼らが，利八や正人という経営者，ひいては，ミズノという企業を支えていたのである。そのような意味では，企業の成長・未来は，社員が担っていると言える。そのように考えていくと，経営者と社員たちの相互作用こそが，戦略を作り，製品を作り，企業の未来を創るのではないかということができる。そうした相互作用の土台となるのは，企業における従業員のやる気であり，自立性である。従業員のそうした感情や行動を引き出すためには，個人を尊重し，働きやすい職場環境（例えば，正しいと思ったことをできる環境，女性であるならば育児休暇などを取りやすい環境，各々の得意分野・能力が尊重される環境など）の創造が重要となる。

3. おわりに

　本章では，ミズノとその創業者水野利八の事例から，企業家精神について検討してきた。その中で分かったことは，社会を変えたいという意欲と創造に満ち溢れた経営者と，経営者と同じ志を持つ社員の耐えざる研鑽こそが企業の未来，ひいては，より良い社会を作りあげていくということである。社員を単なる会社人間，ロボットにしてしまうか，それとも，誇りと希望を持ちながら働ける人間にするか，経営者が担う役割はきわめて重要である。

＜課題＞

　水野利八以外の企業の創業者(スポーツ系の企業でなくても構わない)を一人挙げ，その創業者が，なぜ会社を興そうと思ったのか，その動機と，その会社の経営理念，創業者が，自分の企業を成長させていったプロセスを調べてみよう。調べるに当たっては，インターネットだけでなく，雑誌や新聞，論文なども活用してみよう。

＜参考文献＞

現代情報工学研究所（1985）『美津濃のスポーツビジネス』ダイヤモンド社

大野貴司（2014）『人間性重視の経営戦略論―経営性と人間性の統合を可能とする戦略理論の構築にむけて―』ふくろう出版

Peters, T. J. & Waterman, R. H.（1982）, *In Search of Excellence : Lessons from America's Best-run Companies*, Warner Books.（大前研一訳『エクセレント・カンパニー』英治出版，2003 年）

＜参考 URL＞

美津濃株式会社ホームページ　http://www.mizuno.co.jp/（2022.10.30 アクセス）

財団法人ミズノスポーツ振興会ホームページ
http://www.mizuno.co.jp/zaidan/（2022.10.30 アクセス）

第 11 章

スポーツ経営におけるイノベーション

1. カーブスの事例

　カーブスとはアメリカで生まれ，2005 年に日本で 1 号店がオープンした女性専用のフィットネスクラブである。2005 年に設立されたカーブスの日本法人であるカーブスジャパンは，後発のフィットネスクラブにも関わらず，業界 1 位の店舗数（2,008 店）を誇り（カーブスジャパンホームページ参照），順調に成長を続け，コナミスポーツ，セントラルスポーツ，ルネサンスなどに次ぐ業界 5 位のフィットネスクラブになるまでに成長を遂げた。

1.1.　アメリカでの成長の歴史

　カーブス 1 号店はアメリカ人のゲイリー・ヘブンによって設立された。1 号店は 1992 年にテキサス州でオープンしている。

　ヘブンは幼少時に母親を亡くしている。ヘブンの母親は生前高血圧，肥満，うつなどに悩まされていた。母親の死もあり最初は医師を目指すが，薬による治療では自分の母親の様な人は救えないことを悟り，運動や運動を行う場所，サポートの必要性を痛感し，女性の健康づくりに貢献できる仕事を目指すこととなった。アメリカは成人の 61％にあたる 1 億 2000 万人の人が肥満予備軍の肥満大国であり，フィットネス事業は国民の健康づくり，さらには医療費の削減につながる重要な事業のひとつとなっていた（鶴蒔，2009）。

　ヘブンは，20 歳で女性向けフィットネスクラブのマネジャーとなり，順調に店舗を拡大させていった。母親のような運動習慣のない人の健康づくりの手助けをしたいと思ってフィットネスの世界に飛び込んだわけだが，実際にクラブに来るのは若くて運動好きな人ばかりで中高年女性は運動の必要性を感じながらも，クラブに来

図表 11-1　カーブスジャパンの企業概要

企業名	株式会社カーブスホールディングス
本社所在地	東京都港区
事業内容	カーブス事業（フィットネスクラブ事業）運営
資本金	8 億 4866 万円（2020 年 3 月時点）
連結従業員数	565 名　（2021 年 8 月時点）
店舗数	1947 店（2022 年 8 月時点）
会員	約 75.4 万人（2022 年 8 月時点）
売上	275 億円（2022 年 8 月期）
当期純利益	22 億円（2022 年 8 月期）

株式会社カーブスホールディングスホームページ「会社概要」，「2022 年 8 月期 決算短信〔日本基準〕（連結）」を参考に筆者作成。

ることはなかった。運動の継続への不安，男性と一緒に運動することへの不安，距離，自分の体を鏡で見ることへの不快感，値段などが，中高年女性にフィットネスクラブは自分が来る場所ではないという気分にさせていたのである（鶴蒔，2009）。

　店舗の拡大の成功に勢いづいたヘブンはクラブの経営を拡張し，プールや日焼けサロン，子供向けのプログラムなど設備やプログラムを拡張し，男性会員を募集した。その結果，既存の女性の会員の退会が続出し，あっというまに経営が傾いてしまった。ここから，ヘブンは自分のクラブが対象とする顧客を女性，特に運動習慣のない中高年層の女性に絞り込み，No Man（女性専用），No Make up（ノーメイク），No Mirror（鏡を置かない）の 3 つの"No"を徹底することにした。ワークアウトは，30 分で，女性の「ダイエットしたい」「生活習慣病が心配」「健康維持」などの目的に対応することを目指した（鶴蒔，2009）。

　ワークアウトは，30 分で，女性の「ダイエットしたい」，「生活習慣病が心配」，「健康維持」などの目的に対応することを目指した。カーブスのワークアウトでは，筋力トレーニングと有酸素運動を 30 秒ずつ交互に行っている。この独自の組み合わせこそがカーブスのオリジナリティであり，際立った効果をもたらす要因であり，

その効果は，運動生理学の世界的権威であるテキサス大学のリチャード・クレイダー教授にも認められている（鶴蒔，2009）。

　また料金も，家計を預かる主婦のために既存のフィットネスクラブの常識を打ち破る格安の料金を設定している。この低料金は機材をシンプルなものにしたり，プールやシャワー，ロッカールーム設置しないことによりコストを抑えることにより実現されている（鶴蒔，2009）。

　こうして主婦層を中心とした女性会員の取り込みと会員の増加に成功するとヘブンは「より多くの女性たちが健康を保てるようにすることが自分たちの使命」と考え，積極的な拡大戦略をスタートさせた。フランチャイズ（FC）方式でアメリカ各地にカーブスを展開させていくことを目指したのである。カーブスでは，プールやシャワーを置かず，機材もシンプルなもので済むので，初期投資はかからないし，維持費も安く済むので，FC オーナーへの負担はかからず FC 展開に適したビジネスであったと言える。1995 年，FC加盟 1 号店が誕生し，1 年目には 50 店舗，翌年には 250 店舗，2年後には 1000 店舗を突破，2004 年には 8000 店舗を突破し，順調に店舗数を拡大させていった（鶴蒔，2009）。

1.2.　カーブスジャパンの設立
　日本法人は 2005 年に設立されている。牛角，サンマルク，ガリバーなどを成長させた FC 経営のコンサルティング会社のベンチャーリンクがカーブスから日本での事業展開の権利，マスターフランチャイズ権を買い取り，2005 年にカーブスジャパンを設立した。現在はカーブスはベンチャーリンクから離れ，カラオケボックス「まねきねこ」を経営するコシダカグループの傘下企業になっている（鶴蒔，2009）。
　2005 年 7 月，カーブスジャパン 1 号店の戸越店が東京都品川区にオープンし，同 8 月には都立大学店，町田店がオープンした。これらの店舗では開店前にその地域で顔の広い，世話好きな女性に話をして，会員になってもらい，効果を体感してもらい，宣伝してもらった。戸越店の最初の会員は 34 名だったが，口コミ効果で 1 か月で会員は 120 名に増加した。翌 2006 年 3 月には 15 店舗，5 月に

は 33 店舗，11 月には 100 店舗を突破し，2007 年 6 月には 481 店舗になり，全都道府県に店舗を設置 7 月には 500 店を超えた（鶴蒔，2009）。

　店舗の展開方法は，全国の各地域に「エリアパートナー」という地区本部となる店舗を設置し，この店舗を拠点として各地にカーブスの店舗を広げていく戦略であった。すなわちカーブスの FC 経営に参加したいオーナーを増やしていく方法である。エリアパートナーの活躍を見て，各地域でカーブスの経営をしたい FC オーナーを増やしていくことが可能となる。ちなみにエリアパートナーはカーブスの直営店ではなく，FC 加盟店である。エリアパートナーとなる企業は，地元の有力な企業が多く，地域への影響力も強い企業であり，そうした企業の成功は他の企業にカーブスという業態の魅力とそこへの参入意欲を大きく高めることに成功したと言えよう。カーブスでは地域における影響力の高いエリアパートナーの影響力をうまく利用したのである（鶴蒔，2009）。

　カーブス自身は，自らの戦略を「ブルーオーシャン戦略」と称している。ブルーオーシャン戦略とは，キム＝モボルニュ（2005）によると，熾烈な競争が展開されている領域での競争を避け，競合他社がまだ手を付けていない未開の領域に参入することで，競争を無力化し，市場での成功を収めようという戦略のことである。
この話しをカーブスにあてはめるならば，カーブスは施設を充実させることで会員を集めようとする既存のフィットネスクラブ（血まみれの競争が展開されている「レッドオーシャン」）と同じ戦略を取らず，女性専用，運動習慣のない女性を対象としたフィットネスクラブを作ることによりライバルがまだ目を付けていない，手を出していない領域に参入することで，競争を避け，ひとり勝ちをすることを目指し，結果としてフィットネスクラブ市場において成功を収めたということができる。カーブスの存在，戦略により「女性向けフィットネスクラブ」という新たな市場が開拓されることとなり，カーブスはその領域のパイオニアの地位を構築することとなったのである（鶴蒔，2009）。

　またカーブスは 2019 年にはカーブスの男性版の「メンズ・カーブス」を開始し，同店は 2022 年 10 月時点で 15 店舗存在してお

図表 11-2　カーブスのビジネスモデル

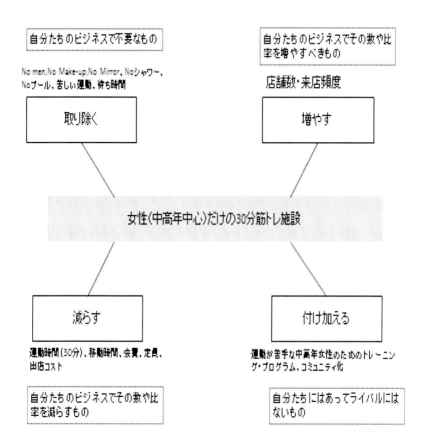

出典：福永（2013）,71 頁を基に筆者使用。

り，さらなる顧客の拡大を目指している（メンズ・カーブスホームページ）。

2. イノベーションとは

① イノベーションとは

　経済学者のジョセフ・シュンペーターは，イノベーションを「新結合」と称している。新結合とはどういうことであろうか。それは

すなわち新たなものを創造することである。大陸を馬や徒歩で移動する時代に自分の足で歩かずに移動することが可能な自動車の存在はイノベーションであったと言える。外にいながら電話を受けたりすることを可能とさせた携帯電話も立派なイノベーションである。しかしながらイノベーションは新たなものを創造するだけではない。フォードは，自動車の大量生産を実現し，コストダウンと低価格化を実現し，お金持ちにしか手に入らなかった自動車を一般の人々にも買えるようにすることに成功し，自動車業界におけるトップ企業へと成長した。フォードのように既存のものを新たな形で作り上げることに成功した企業にも膨大な利益をもたらされる。フォードのように既存のものを新しい形で作り上げることもイノベーションであると言える。以上を踏まえると，イノベーションとは，企業に利益をもたらす（経済効果のある）革新のことであると言える。

　言うまでもなく企業は絶えず企業同士の競争にさらされている。そこで戦い抜き，勝利を収めるためには競合他社に先んじて新たな製品を開発したり，既存の製品を効率的に生産し，コストダウンをしていくことが求められる。その意味では，企業が企業間競争に勝ち抜き，企業を存続・成長させていくためにもイノベーションは重要になるのである。我々消費者にとってもイノベーションは決して無関係ではない。自動車があるおかげで遠くまで自分の足で歩くことなく移動することができるようになったし，携帯電話があるおかげで外にいながらも電話を受けたり，することが可能となった。その意味では企業が実現するイノベーションは我々の生活を便利なもの快適なものにしていくことを可能とするのである。さらにはイノベーションは，国にとっても重要な事項になる。トヨタが新たな自動車の生産方式である JIT（Just in Time）方式を構築することにより，世界的な大企業になることは，自動車の輸出を可能とするし，そこから多額の税金を得ることも可能となる。多くの企業がイノベーションを実現し，成長していくことは国家にとっても根幹産業を作り上げることにつながり，国自体の経済を成長させる上でも意義のあることなのである。このようにイノベーションは，経済の構成主体である企業，消費者（家計），国家にとって重要な事項である

と言える。

②　イノベーションの種類

　シュンペーター（1912）は，イノベーション（新結合）を以下の5種類に分類している。

　まずは自動車，携帯電話，パソコン，スポーツシューズなどのような新しい商品の開発である。

　二つ目はフォードの T 型フォードの開発，マクドナルドの「バイ・オーダー方式」のような既存の製品を新たな方法で製造すること，すなわち新しい生産方法の開発である。

　三つ目は，カーブスの「（中高年の）女性専用フィットネスクラブ」のような新しい市場の開発，花王の「メンズビオレ」発売による男性用スキンケア市場の開発，NTT ドコモの「i モード」によるモバイルネット市場の開発，アディダスによる「スポーツシューズ」市場の開発のような新市場の開発である。

　四つ目は，新たな仕入先の確保や東南アジア地域への製造拠点のシフトなど新しい供給先の開発である。

　最後の五つめは，株式会社，事業部製組織，NPO など新しい組織の開発である。

　いずれの種類のイノベーションも企業にもたらすことを可能とするのである。

③　イノベーションはどのように生まれるのか

　イノベーションはどのようにして生まれるのであろうか。イノベーションの発生パターンとしては 2 種類をあげることができる。

　まずは，テクノロジー・プッシュ型（技術圧力型）である。これは電話や蓄音機の発明，青色 LED の発見など科学的な発見や技術革新がイノベーションを実現する方法である。これは科学的な発見や技術革新により，潜在的なニーズを充足するイノベーションであり，開発者主導のイノベーションであると言える。

　次は，市場の需要を満たそうとすることにより生まれるイノベーションである市場牽引型である。これは顕在的なニーズを充たす過程で生まれていくイノベーションであり，販売担当者主導のイノベ

ーションであるということができる。

　以上のようにイノベーションと一口にいっても色々な発生経路
があり、企業はイノベーションを実現するためには多様な発生経路
を有しておくことが望ましいと言える。

3. おわりに

　以上、本章で検討してきたように、カーブスは女性専用フィット
ネスクラブという新たな市場を開拓し、イノベーションを実現し、
その領域におけるフロントランナーとなることにより、既存のフィ
ットネスクラブとの競争を避け、多くの新規会員を獲得することに
より、フィットネスクラブ産業において急成長を遂げることに成功
した。しかしながら、新たな市場を開拓したということはそれに追
随するライバルも続々と出てくるということである。後発参入して
きたライバルといかに戦い勝利を収めていくのか、その戦略を考え、
実行していくことがイノベーションを実現した企業には重要とな
る。

＜課題＞

　イノベーションに該当する製品・サービス（スポーツ用品やスポ
ーツ関係のサービスでなくても構わない）を調べ、それが生み出さ
れた経緯、要因を調べ、分析してみよう。

＜参考文献＞

福永雅文（2013）『45社の成功事例をリアルに分析！　ランチェス
　　ター戦略「小さなNo.1」企業』日本実業出版

Kim, W. C. & Mauborgne, R.（2005）, *Blue Ocean Strategy*, Harvard
　　Business School Publishing.（有賀裕子訳『ブルー・オーシャン
　　戦略―競争のない世界を創造する』ランダムハウス講談社,
　　2005年）

Schumpeter, J. A.（1912）, *Theorie Der Wirtschaftlichen Entwicklung*,
　　Leipzig.（塩野谷祐一・中山伊知郎・東畑精一訳『経済発展の
　　理論』岩波書店, 1977年）

鶴蒔靖夫（2009）『カーブスジャパンの挑戦―スマート消費時代の

成長ビジネス新機軸—』IN 通信社

＜参考 URL＞
カーブスジャパン株式会社ホームページ http://www.curves.co.jp/
（2022.10.30 アクセス）
株式会社カーブスホールディングスホームページ
https://www.curvesholdings.co.jp/（2022.10.30 アクセス）
メンズ・カーブスホームページ https://www.curves.co.jp/mens/
（2022.10.30 アクセス）

1.　NPO とは

　NPO とは，Non Profit Organization の略称である。非営利組織とも呼ばれ，非営利で社会貢献活動や慈善活動を行う団体を指す。2000 年 3 月に制定された「特定非営利活動法人促進法（NPO 法）」により，NPO も法人格を得ることができるようになった。法人格を得ることで，NPO も資金の借り入れによる事業の拡大，専任のスタッフを雇用することなどが可能となり，その設立件数は，飛躍的に上昇した。NPO はその名の通り，利益を追求しない組織であり，その社会的使命（ミッション）の達成のために存在する。NPO は，利益を追求しない組織ではあるが，ミッションを達成するためには，それに先立つ経営資源（ヒト・モノ・カネ・情報）が当然のことながら必要になる。では，どのようにして活動に必要な経営資源を集めるのか。それにあたっては，一般の企業と同様，ヒト・モノ・カネ・情報のマネジメント，すなわち，経営の感覚が必要になる。このように，「経営」という概念は経営組織，すなわち，企業のみならず，NPO・スポーツ NPO の領域にも拡張可能なのである。以下，本章ではニッポンランナーズの事例から，スポーツ NPO のマネジメントについて検討していきたい。

2.　ニッポンランナーズの事例

2.1.　ニッポンランナーズ概要

　ニッポンランナーズは，リクルートランニングクラブ（RRC）休部に伴い，創設された特定非営利活動法人（NPO）である。理事長

は，元リクルートランニングクラブ監督の金哲彦（きんてつひこ）
である。金は早稲田大学陸上部 OB であり，大学時代は箱根駅伝（五
区）でも活躍した。大学卒業後も，リクルート陸上部創設に大いに
貢献した。ニッポンランナーズの主要事業は総合型地域スポーツク
ラブの運営であり，その他，競技選手のサポート，スポーツ教室の
実施，イベントの開催，セミナーの活動などを手がけている。現在
は本拠地である千葉県佐倉市の他，柏市，東京，多摩でも活動して
いる（ニッポンランナーズオフィシャルサイト他各種公表資料を参
考）。

図表 12-1　ニッポンランナーズの事業活動一覧

事業内容	対象者の範囲
ランニング（佐倉地区，水曜日定期）	一般ランナー 高校生から 80 代
ランニング（佐倉地区，土曜日定期）	一般ランナー 高校生から 80 代
ランニング（柏地区，水曜日定期）	一般ランナー 高校生から 70 代
ランニング（柏地区，水曜日月 3 回）	一般ランナー
ランニング（柏地区，日曜日定期）	一般ランナー 高校生から 70 代
ランニング（東京地区，金曜日定期）	一般ランナー〜70 代
ステイヤング（佐倉地区）	60 代から 80 代
特別活動・イベント（菅平，集中練習会）	一般ランナー 20 代から 60 代
特別活動・イベント（昭和の森・走り込み練習会）	一般ランナー 20 代から 60 代
特別活動・イベント（稲毛海浜公園・30K 練習会）	一般ランナー 20 代から 60 代
ジュニアランニング教室	小学生

特定非営利活動法人ニッポンランナーズ「第 20 期，令和 2 年〜3
年度（10 月 1 日から 9 月 30 日まで）の事業報告書」を参考に筆

者作成。

2.1. リクルート時代

　1986年4月，金哲彦のリクルート入社により，リクルートに陸上部が設立された。しかしながら，部員は金哲彦ひとりであり，この状態は2年間続いた。後に，リクルートは，女子を中心にしたチーム編成になり，高橋尚子，有森裕子などのメダリストを輩出し，リクルートの女子陸上部の選手がオリンピック，世界選手権でメダルも獲得した。この他，同社陸上部は，全日本実業団女子駅伝でも優勝経験を有している。1992年，金はコーチに就任，1995年には監督に就任する（松野，2004）。

　順調に見えたリクルート陸上部であるが，リクルート本社の福利厚生の見直しなどの経営方針の変化に伴い，2001年1月24日の取締役会で，同年9月でリクルート陸上部の休部が決定された。指導者を含めた部員たちは，「移籍（自分たちを受け入れてくれる企業を探す）」か，「引退（競技は引退し，リクルートにサラリーマンとして残る）」かの決断に迫られることとなった。そうした選択肢の中で，金らリクルート陸上部員が出した答えは「総合型地域スポーツクラブ」への転身であった。金は，リクルート時代より日本のスポーツシステムに限界を感じ，オリンピック選手育成の新たな形を模索していた。そうした状況の中，地域住民が支えるスポーツシステムにより，新たな選手育成ができないか考えるようになっていた。新しいスポーツクラブでは，リクルート時代のトップアスリート育成という機能を維持しつつ，その間口を一般の人々に拡大することを目指した（松野，2004）。

　具体的には，ニッポンランナーズでは，年代を超えた生きがい，交流づくり，地域住民が気軽に，そして目的に応じて参加でき，安価な会費によりクラブづくりと，上記の活動を可能とする財源確保（会費等の自主財源・各種助成・スポンサー確保等）を目指したのである。2001年2月，休部発表の記者会見でスポーツクラブの構想（地域で支えるスポーツシステム，実業団以外の形でオリンピック選手を排出する）を全国に発表し，ニッポンランナーズが，スポーツクラブを設立するという情報を，全国へと発信することに成功

した（松野，2004）。

　ニッポンランナーズの活動場所として選ばれたのはリクルート陸上部の活動場所でもあった千葉県佐倉市であった。リクルート陸上部だけでなく，積水化学陸上部も活動拠点としており，同部も金メダリストを複数輩出しており，女子陸上界の「聖地」とも呼べる都市であった。このほか，佐倉市は順天堂大学スポーツ科学部のキャンパスの所在地でもあった。同大陸上部は，箱根駅伝の名門校で，1986年～89年には，4連覇の偉業を達成している。さらには，市民スポーツも盛んで，毎年3月に市民マラソン大会（佐倉朝日健康マラソン）が行われており，佐倉市には，実業団・大学・市民マラソンに関わる，個人・団体・組織が集積していた（松野，2004）。

2.2. スポーツクラブの設立

　金はまず，自分のスポーツクラブ構想を，順天堂大学の澤木啓祐教授（競技スポーツ）に相談した。総合型地域スポーツクラブの運営には，選手強化だけでなく，生涯スポーツの観点も必要であると考えた澤木教授は，金に同大野川春夫教授（生涯スポーツ）を紹介した。野川教授は，「スポーツクラブの立ち上げに関わることは，学生にとって最高のフィールドワークの場になる」と，野川ゼミの学生を，設立準備プロジェクトのボランティア・スタッフとして参加させることを提案した（松野，2004）。

　こうして，ニッポンランナーズでは，NPOにおける経営課題のひとつでもある「ヒトの確保」の問題をクリアしたのである。このほか，スポンサー契約など，スポーツビジネスの要素は，順天堂大学の間宮聰夫教授（スポーツマーケティング）が担当し，佐倉市議会議員，佐倉市体育協会理事長，千葉マスターズ陸上連盟理事である山口文明が，立ち上げを後押しし，体協，陸協との調整役を務めた。この他，顔なじみの地元商店会などの地域関係者にも，設立に当たり同意を得ている（松野，2004）。

　クラブの運営は，会員からの会費・セミナーや，イベント・受託事業などの事業収入のほか，NPO賛助会員からの会費，サッカーくじ助成金（toto）や，笹川スポーツ財団等からの各種助成金などの各種資金から成り立っており，提供プログラムの拡張のため，ま

たサッカー，トライアスロンなどの他種目のスポーツクラブとも連携し，事業展開を行うこととした（松野，2004）。

2.3. ニッポンランナーズの事業
① クラブ事業

　ニッポンランナーズの主要事業は，クラブ事業である。これは，会費を支払って参加するクラブ会員に対し，指導を行うことである。元リクルート陸上部の指導者・選手などの経験豊富なスタッフが，指導を行うため，初心者から本格的な競技者まで指導可能である。

　この他，地域のバレーボールクラブなどと連携し，ランニングだけでなく，各種スポーツを開講することにより（その見返りにニッポンランナーズは，協力団体にランニングを指導），会員の多様なスポーツニーズの充足を実現したり，順天堂大学の学生ボランティアを活用した，子供向け教室なども行っている。こうした団体間の連携により，ニッポンランナーズには，「教室」というソフトが手に入るメリットがあるし，バレーなどのスポーツクラブには，ランニングの指導をしてもらえるというメリットがある。ランニングは，全てのスポーツの基本となるので，彼らがニッポンランナーズに協力する意味は大きい（松野，2004）。

　ランニング教室は，既述のように本拠地である佐倉市だけでなく，柏，東京でも実施されている。

　「スポーツの指導」という範疇で考えると，ニッポンランナーズでは，近隣のフィットネスクラブ等と会員を奪い合う形になる。そういう意味では，ニッポンランナーズでは，「多様な人に対応可能な指導」を前面に掲げることにより，そうした「競合他社」と差別化を図っている。こうした裏付けとなるのは，リクルート陸上部時代より培ってきた指導ノウハウであり，これは，競合となりうる，他のスポーツクラブや，フィットネスクラブにはない，ニッポンランナーズの強みであると言える。

② イベント事業

　ニッポンランナーズでは，ランニング教室などのほか，マラソン大会などのイベントを行うことで，事業収入を挙げている。マラソ

ン大会の前には，マラソン大会に備えた教室などを行っている（松野，2004）。

③　セミナー事業

　理事長である金の講演などのセミナーを行うことによっても，事業収入を挙げている。その他，雑誌やメーカーとのタイアップによりランニング教室を全国展開し，草の根レベルでの会員数の拡大に努めている（松野，2004）。

　毎回これらのスポーツ教室や活動のあとには，懇親会が開かれている。懇親会は好評で，教室やセミナーの人気に繋がっており，地域の人々を結びつける「場」として機能している。ニッポンランナーズでは，設立当初は県外・市外の会員が多かったが，年を重ねるごとに市内・県内の会員が増えていったという。遠隔地から通う場合長続きしないので，年度更新しない人が多いためである（松野，2004）。

　しかしながら，「オリンピック選手を排出する」という設立当初から掲げている目標は，まだ達成できていない（松野，2004）。競技選手の育成という観点から見ると，いまだその資金は十分と言えない。この目標を実現していくためには，今後は，さらなる経営資源の獲得を実現していくことが求められよう。

3.　スポーツ NPO のマネジメント

①　社会的使命（ミッション）

　ドラッカー（1991）をはじめとする NPO 研究において，広く論じられていることであるが，NPO の経営においては，まずどのような形で社会に貢献するのかという，ミッションを持つことが求められる。その上で，それを組織のメンバーで共有し，それを実現するための，具体的な仕組みを作る必要があるのである。企業経営でいうならば，ミッションとは，自社の生存領域を決定する「ドメイン」に近いかもしれない（「ドメイン」に関しては第 2 章を参照のこと）。

ニッポンランナーズでは，「スポーツを文化として根付かせ，心豊かな生活に役立てて欲しい」，「頂点を目指すアスリートとスポーツを楽しむ人々が相互に理解し，助け合いたい」，そして「実業団以外のスポーツシステムによりオリンピック選手を出したい」というミッションを持ち，金が自らのネットワークやアイディアを活かしながら，それを実現していく仕組みを構築した。ニッポンランナーズの事例から分かることは，「まだ実現されていない社会的ニーズは何か（まだ解決されていない社会的な問題とは何か）」を探すことからNPOのマネジメントは始まるということである。

②　経営資源の確保

　自分ひとりで何も持たず社会的使命を達成していくことは当然不可能である。そこで，社会的使命を達成するためには，ヒト，モノ，カネ，情報の「経営資源」が必要になってくる。その点は，NPOも一般企業も同じである。まず，「ヒト」であるが，意欲ある（モチベーションの高い）人の参加を呼びかけることが前提となる。そのためには，意欲ある人びとが活動できる「場」を提供することが求められる。NPOにおける職員は，ボランティアの場合が多い。ゆえ，金銭的動機付けは不可能である。そこで，彼らの「やる気」を継続して引き出すためには，仕事へのやりがい，すなわち「自主」，「自発」性の発揚および尊重が重要になる。自主性・自発性を引き出しながら，自主性・自発性が損なわれない程度に組織のミッションを共有してもらうことが重要である。次に，「モノ」と「カネ」であるが，ここでは安定したドナー（提供者）や，スポンサーの確保が必要となる。ここでは，NPOの自立性が損なわれないようスポンサーとの利害関係を調整することと，組織のミッションに共感してもらった上で協力を仰ぐことが求められる。

③　広報活動

　ステークホルダーから，経営資源を獲得する（自分たちの活動に協力してもらう）ためには，自分たちは何者なのかその活動を知ってもらわなければならない。ボランティア・スタッフの獲得を含めた，継続的な経営資源の支援を得るためには，組織が手に入れた資

源を使用し，どのようなことをしてきたのか・どのようなことができなかったかという組織の行動に関する情報を，広く多くの人々（すなわち世間に）開示（＝アカウンタビリティ＝情報開示）する必要がある。そうすることで，今まで自分たちの活動に支援をしてくれた人々に対し，提供してもらった資源をどのように活用しているのかを知ってもらい，今後も支援を仰ぐとともに，自らの活動を広く発信することにより，潜在的な支援者にその活動が目に止まることとなり，新たな支援者を獲得していくことを可能とするためである。

4. おわりに

　以上，ニッポンランナーズは，実業団から総合型地域スポーツクラブへと転身することにより，新しいスポーツシステムの形をわが国に提案することとなった。そこでは，「新しいスポーツシステムによりオリンピック選手を育成したい」という金哲彦の熱い思いと，幅広い世代と，競技能力を持つ人々への指導を可能とするだけでなく，サッカーやバレー，トライアスロンなどにも対応可能なクラブ事業や，地域住民の交流を生むイベントなどのそれを実行していくための各種の事業と取り組みがあった。つまり，スポーツ NPO のみならず，NPO のマネジメントの成功には，組織が社会のために何ができるのかを表すミッションと，それを実現していくための経営資源の確保とそのための広報活動が必要になるのである。

＜課題＞

　総合型地域スポーツクラブが，わが国において生まれた背景と，それがわが国のスポーツ振興に果たすであろう役割について考えた上で，総合型地域スポーツクラブという非営利組織にわが国のスポーツ振興という活動を担わせるに当たっての留意点を考えてみよう。

＜参考文献＞

Drucker, P. F. （1990）, *Managing the Non-profit Organization :*

Practices and Principles, Harper Collins.（上田惇生・田代正美訳『非営利組織の経営：原理と実践』ダイヤモンド社，1991年）

松野将宏（2004）『地域プロデューサーの時代—地域密着型スポーツクラブ展開への理論と実践—』東北大学出版会

田尾雅夫（2004）『実践 NPO マネジメント—経営管理のための理念と技法—』ミネルヴァ書房

＜参考 URL＞

特定非営利活動法人ニッポンランナーズオフィシャルサイト
http://www.nipponrunners.or.jp/（2022.10.30 アクセス）

特定非営利活動法人ニッポンランナーズ「第 20 期，令和 2 年〜3 年度（10 月 1 日から 9 月 30 日まで）の事業報告書」
https://www.nipponrunners.or.jp/wp/wp-content/uploads/2021/12/42e77811c85000f76afa9199b2b63cc3.pdf（2022.10.30 アクセス）

第13章
プロ野球のマネジメント

1.　日本プロ野球の発展と読売巨人軍の発展

1.1.　日本プロ野球の生成

　1867年，時代は江戸から明治になり，西洋文化が次々流入した。このときに西洋から学問や生活様式，スポーツなどが流入した。この時代に野球も流入した。当時の野球の担い手は裕福層の子弟であり，学校を中心として流行した。1900年代には，高等学校，大学で野球が流行する。大学野球部の存在しない時代における日本一野球の強いチームは第一高等中学校（一高）であったが，1918年の大学令の制定による大学の誕生により，その座は早稲田大学と慶應義塾大学に奪われることとなる。いわゆる「一高時代」から「早慶時代」の到来である。大正時代には，明治，立教，法政，東大も加え，東京六大学リーグ結成された（最初は早稲田・慶応・明治の三大学リーグ）。当時は，今のように娯楽のほとんどない時代であり，野球の試合を見ることは，主要な娯楽としてもてはやされ，大学野球も大学生だけでなく，それ以外の人々も球場に訪れ，野球の試合を楽しんでいた。こうした国民の野球への熱狂は，「野球狂時代」とも評された。それだけ当時の国民の野球への注目，関心は高かったのである。国民の野球への関心が高いのならば，そこで勝利を収めれば，大学の宣伝にもなり，入学希望者は増える。それだけでなく，応援に来た学生の愛校心が芽生えたり，学生同士の一体感，絆も生まれる可能性がある。つまり，大学野球は「校威発揚」の効果があるのである（尹，1998）。こうした効果に目を付けた大学はさらなる力を野球へと注ぎ込むのであった。大学の名を上げ，学生から誇りをもってもらうためには，まずは勝たなければならない。

そのため，大学野球ではやるからには勝つ，「勝利至上主義」，そして勝つためには，普段から鍛錬を積むことを目指す，「鍛錬主義」を信条としていた（尹，1998）。

　こうした「勝利至上主義」，「鍛錬主義」は，今日もなお，大学運動部における基本的思想として，部内に定着し，校威発揚の役割を部分的に担っているのである。

　大学野球では，この時代にはすでに，観客から「入場料」を徴収していた。徴収した入場料は，部の運営に充てられた。わが国の野球における入場料徴収の起こりは，早稲田大学野球部が，アメリカ遠征に必要な費用を捻出するためにはじめられたものであるといわれている（複数の二次資料を参考）。1930年には，ラジオ実況放送が開始され，野球場にいなくても，全国どこでも野球の実況を楽しむことができるようになり，本格的な「野球狂時代」が到来するのである（菊，1993）。

　ブームのあるところビッグビジネスが潜んでいるのは世の常である。野球ブームに目を付けた企業がある。読売新聞社（社主・正力松太郎）である。

　読売新聞社は，1931年に儲けが出たら，それをそのままアメリカチームに渡すという約束で，アメリカオールスターチームを招聘し，東京六大学チームなどの日本チームと試合をさせた。ベーブ・ルースの来日こそ適わなかったものの，ルー・ゲーリックなどのスーパースターの来日を成功させる。試合結果は，アメリカチームの17戦全勝であったが，読売新聞社にとっては野球という国民に人気の「ニュースソース」を確保することができたのである。部数の望めそうな記事を書くことにより，さらなる新聞の部数の拡張，広告収入の拡張に繋がるのである（菊，1993；尹，1998）。

　アメリカチームとの試合の惨敗を受け，1930年代には，日本野球のレベルアップ，大学野球部員の学業怠慢（留年など）の理由からプロ野球を作ろうという声が高まっていった。そうした社会的要請を受け，1934年，読売新聞社が中心となり，職業野球チーム，大日本東京野球倶楽部が設立される。1935年2月には，読売新聞社は，大日本東京野球倶楽部をアメリカ遠征に行かせ，その模様を記事にした。遠征先では，ニューヨーク・ジャイアンツに倣い，チ

ーム名を"Tokyo Giants"とした。帰国後，大日本東京野球倶楽部は，
球団名を"Tokyo Giants"を和訳し，「巨人軍」とした（菊，1993）。

1936年の巨人軍のアメリカ遠征帰国後，読売新聞社の呼びかけ
により，大東京，名古屋，金鯱軍（4チームとも新聞社が出資し創
設），タイガース，セネターズ，阪急（いずれも私鉄が出資）の7
チームが設立され，わが国に「プロ野球」が作られたのである（菊，
1993）。

1.2.　読売新聞社の思惑

読者獲得競争の手段として，読売新聞社では「娯楽」（囲碁や釣
り）に関する記事を重視していた。すなわち，読売新聞社では，「娯
楽」を，政党機関紙の色合いの強かった他の新聞社との差別化の手
段にしようとしたのである。1929（昭和4）年には，さらなる娯楽
記事の充実として，「スポーツ欄」を設置し，スポーツを大々的に
取り上げることで部数拡大を目指した。先述のように，野球は当時
のスポーツの中でも，一番の人気のスポーツであり，エンターテイ
メントでもあった。そこで，読売新聞社では，プロ野球リーグを持
つことで，スポーツニュース・ソースを製造することが出来ると考
えたのである。国民の関心事である野球を，新聞で継続的に取り上
げることにより，部数の拡張，広告収入の増加を見込んだのである
（尹，1998）。

阪急など，私鉄系の球団では，自社の路線内に球場を設け，そこ
で試合を行うことで，運賃を獲得しようとした。また，自分の球団
のファンに対し，移住を奨励し，球場周辺に住まわせることで通
勤・通学に掛かる電車賃を稼ごうとした。阪神電鉄などでは，甲子
園球場で中学生の野球大会などが行われ，多数の観客を誘致するイ
ベントにはなってはいたものの，定期的に行われるイベントではな
く，定期的に甲子園球場に観客を誘致できるイベントが望まれてお
り，「プロ野球」に白羽の矢が立ったのである。

このように，新聞社系，私鉄系の球団のいずれにも言えるのは，
プロ野球は，本社事業の販売促進の手段であるということであり，
プロ野球それ自体をビジネスとしては考えていなかったというこ
とである。この性質は，戦後，プロ野球球団の経営母体が，食品や

サービス業などに変化した今日もなお，継承されている（橘川・奈良，2009）。

1.3.　巨人軍のファン獲得戦略

　巨人軍では，私鉄系球団のように，専用の球場を持っておらず，全国津々浦々色々な土地の球場で試合を行った。全国色々な地域で試合を行うことで，国民の視認性を高め，全国の人々に，プロ野球，巨人軍を見る機会，触れる機会を提供した。巨人軍のみが全国の土地で試合を行っていたため，必然的に巨人軍の認知度は高まり，巨人軍の試合しか見ることができない人々は，巨人軍に興味を持ち，巨人軍を好きになっていった。巨人軍に興味を持った全国のファンは巨人軍に関する情報が豊富に掲載されている読売新聞を買い求めるようになり，巨人軍が発信する情報や宣伝を一方的に享受するようになるのである。こうして，巨人軍のファンが，全国に増えるに従い，読売新聞もその部数を上げていった（菊，1993；尹，1998）。

　読売新聞社の社主・正力松太郎は，巨人ファンを全国に数多く作るためには，巨人軍が最強のチームでなければならないと考え，積極的にチーム補強を行っていった。つまり，華々しいスター選手が素晴らしいプレイを見せ，スター選手軍団の巨人軍が勝利すればファンは満足するし，人々は巨人軍，ひいては，プロ野球に興味を持つと考えたのである。

　こうして巨人軍のファンは，全国に拡大されていったが，巨人軍の経営自体は赤字であった。しかしながら，巨人軍は読売新聞の販売促進・広告収入に大きく貢献し，その額は，巨人軍の経営赤字を補ってあまりあるものだった（図表 13-1 参照）。その意味では，プロ野球球団経営により利益を出すことは，読売新聞社は，最初から期待していなかったとも考えられる。

1.3.　戦後の巨人軍

　戦後にはテレビ放映が開始され，正力松太郎により「日本テレビ」が開設される。テレビという多くの人々が見る媒体で，巨人軍の試合を，多くの人々がテレビを視聴するゴールデンタイムで放映することにより，巨人を見る人々の数は飛躍的に増えていった。そうし

図表 13-1　読売新聞の発行部数

年代	発行部数（1日あたり）
大正 13 年	5 万部
昭和 2 年	12 万部
昭和 4 年	17 万部
昭和 6 年	22 万部
昭和 7 年	30 万部
昭和 8 年	50 万部
昭和 10 年	70 万部
昭和 11 年	90 万部
昭和 16 年	150 万部

出典：菊（1993），212 頁

たテレビの放映の中で，巨人軍は，王貞治，長島茂雄のような不世出のスターを数多く輩出し，日本シリーズ 9 連覇（V9 時代）という偉業を達成し，国民に「プロ野球＝巨人」という構図を構築することに成功し，全国に多くのファンを作ることに成功した。当時の国民の好きなもの「巨人・大鵬・卵焼き」という言葉などがまさにそれを体現しよう。こうした全国展開と並行し，巨人軍では，北海道・九州・北陸・東北地方など，当時プロ野球球団がなかった地方などで，試合を開催することで，そうした地域の人々がプロ野球のゲーム，そして，巨人軍と触れることのできる機会を積極的に作っていった。

　巨人軍のファンが，全国に膨れ上がっていくことにより，入場料収入，放映権料，グッズの売上等収入なども飛躍的に上昇し，巨人軍自体の経営も黒字化する。それどころか，巨人軍自体が読売グループの「金のなる木」にまで成長する。巨人軍の収入は 2009 年は 250 億、当期損益が約 15 億だと言われている（『東洋経済新報』2012 年 12 月 29 日号）。後に読売新聞の経営者となる渡邊恒雄も，正力の考え（巨人軍は常勝たれ）を忠実に守り，FA 制度，ドラフト逆指名制など，巨人軍に有利な制度を数多く押し通した。

　長島や王のような，巨人軍で不世出のスターが出て，国民を楽し

ませてくれている間はそれでもよかった。しかしながら，今日は野球が日本に「輸入」された時代とは違い，エンターテイメントが多様化しており，メジャーリーグなども日本にいながらにしてテレビで視聴することが可能である。そして，巨人軍が必ずしも勝てなくなっている。さらには，スター選手ばかり集めた巨人軍のやり方に魅力を感じないファンも増えてきている。その意味では，今までのやり方が通らなくなっているとも言えるのではないであろうか。

1.4. 近年の流れ

　2004 年の近鉄・オリックスの合併に見られるように，親会社が毎年積み重なるプロ野球球団の経営赤字を賄う余裕がなくなってきている。それゆえ，プロ野球球団自体が親会社から独立し，自活の道を模索していかなければならなくなっている。すなわち，ファンに支持されるチームづくりを目指す必要があるのである。ファンの中でも，近年では，地域のファンに支持されるチームづくりを目指す球団が増えている。広島，横浜に加え，千葉ロッテ，北海道日本ハム，東北楽天，福岡ソフトバンク，東京ヤクルトなど，チーム名に地域の名前を冠する球団が増えているのも，こうした流れを受けてのことであろう。これは，第 1 章でも述べた，スタジアムから近いところに住んでいる人々ほど，リピーターになってくれやすいためであり，リピーターになってくれる可能性の高い地域の人々にはたらきかけていくことが，経営の面で有効であるためである。こうして，地域のファンにはたらきかけ，地域のファンに支持されることで，地域企業（スポンサー）・メディア，自治体などからの支援を容易にする。なぜなら，スポンサーはより多くの人々が見ている媒体にこそ広告を出すことを望むし，メディアは，より視聴率の取れるテレビ中継を行うことを望んでいるためである。その意味では，「観客動員」（すなわちファンに支持されている）とは，そうしたステークホルダー[1]が，チームへアクセスすべきかどうかのひとつの判断基準となっているのである（大野，2004）。

　プロ野球経営における，こうした「地域密着」の潮流は，Ｊリー

---

[1] 「ステークホルダー」については，第 13 章を参照のこと。

グの成功を模してのことであるが，巨人軍中心主義で進んできた日本プロ野球の大きな転換期であるとも考えることができる。今後は，各々のフランチャイズで，地域のファンを獲得・維持していく戦略を取る球団が多数を占めていくと考えられる。

　また，近年では，パ・リーグ6球団により設立された「パシフィックリーグ・マーケティング」が，「パ・リーグの振興」を基本理念として6球団の動画配信，スマートフォンアプリの開発，イベントの企画・実施，6球団の海外ビジネスなどの事業展開を行ったり，プロ野球の市場としてのパイを拡大しようとして，各球団が協調する動きもみられている（大野，2017）。

2. プロ野球球団のマネジメント

　ここで，プロ野球球団のマネジメントを理論的に考察することとしたい。

2.1. 5つの競争要因

　世界的に著名な経営戦略研究者であるポーター(1980)によると，業界の収益性（その業界が儲かりそうかどうか）は，その業界の利益を収奪する5つの要因から決まり，業界自体がこの5つの要因から身を守れれば業界自体の収益性は良くなるという。5つの競争要因とは，以下の5つである。

①　新規参入の脅威

　新たに参入してくるライバルが多ければ多いほど，自分の客が奪われる可能性が高まる。

③　代替製品の脅威

　自社が売っている製品と同じような製品を，売っている企業が多ければ多いほど，自分の客が奪われる可能性が高まる（例えば，レコードとCD，マッチとライター等々。「時間を見る」という機能を考えるとスマートフォンは腕時計の代替製品になりうる）。「時間を消費する」という視点で考えると，アミューズメントパークや他の

プロスポーツはプロ野球の「代替製品」となり得る）。

③　買い手の交渉力

　顧客の交渉力が強ければ強いほど，高い価格を設定できず（値切られ），自社の売上が目減りする。他の企業でも，同じようなものを売っている場合（製品自体に差別化がきかない），買い手の交渉力は強まる。

④　供給業者の交渉力

　製品の製造や，販売に必要な材料などを売ってくれる供給業者の交渉力が強ければ強いほど，仕入れ価格が大きくなるので企業自体の儲けは目減りする。すなわち，仕入れる材料が手に入りづらいものであればあるほど，供給業者の交渉力は増すのである。反対もまた然りである。トヨタは，自社の製品製造に必要な部品を卸すメーカーに圧倒的な力を持っている。これは，部品業者の代替性がきくためと考えられる。

⑤　業界内部の競争度合い

　業界内で競争が激しければ激しいほど，各々の企業の儲けは少なくなる。値引き競争など，泥沼にはまるおそれがあるためである。

　以下，5つの競争要因ごとに産業としてのプロ野球について考えてみる。

①　新規参入の脅威

　現行の制度では既存12球団以外は参入不可能である。参入するには既存球団から経営権を譲渡してもらう必要がある。そのため，新規参入の脅威はほとんどない。近年は，プロ野球球団の親会社（メインスポンサー）の経営体力の低下に伴い，新規参入のケースが増えているが，参入にあたっては親会社の事業内容・企業規模や資金力等，厳格な事前審査と，高額な加盟金などが求められている。

図表 13-2　5 つの競争要因

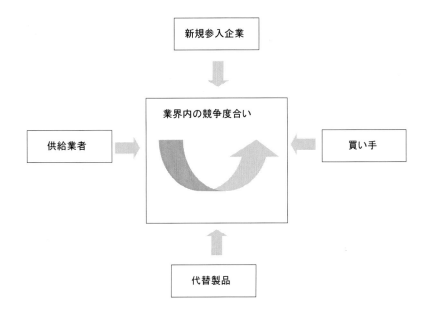

出典：ポーター（1980），18 頁

②　代替製品の脅威

　戦前・戦中・戦後，高度経済成長期までは，プロ野球と肩を並べるプロスポーツ，娯楽はほとんどなく，戦後は長嶋，王などの不世出のスターの誕生により，プロ野球は，国民の主要な娯楽となっていた。高度経済成長期までは，プロ野球（＝巨人）と肩を並べる娯楽は無きに等しく，代替製品の脅威はほとんどなかった。しかしながら，バブル期（80 年代〜90 年代前半）以降，娯楽の数（テーマパーク，カラオケ，ゲームセンターなど）は急激に増すとともに，プロスポーツにおいても，J リーグがし，そこでは，プロ野球に比するスーパースターを数多く生み出している。また 2016 年にはプロバスケットボールの新リーグである B リーグが開幕し，順調にファンを増やしている。さらには，テレビの多チャンネル化に伴い，メジャーリーグやプレミアリーグなど，海外プロスポーツにも容易にアクセス可能になっている。つまり，現在，プロ野球は，きわめ

て多くの代替製品の脅威に晒されているのである。

③　買い手の交渉力

　「代替製品の脅威」と同様，プロ野球が「娯楽の王様」たりえた時代は，プロ野球側はファンに対し，優位な位置にいることができたのである。プロ野球各球団が，宣伝や，たいしたファンサービスをしないでもスタジアムに来てくれていたのである。その意味で，買い手の交渉力は低かったのである。これは観戦者以外の「買い手」であるテレビ局やスポンサーなども同様である。しかしながら，近年では，エンターテイメントの多様化，他のプロスポーツの台頭による，プロ野球は数ある娯楽の中のひとつとなっている。それゆえ，各プロ野球球団では，観客をスタジアムに呼び込むため，各種宣伝やファンサービスを行うようになった。その意味では，ファンとプロ野球の地位が逆転したのである。テレビ局やスポンサーにおいても同様のことが言える。

④　供給業者の交渉力

　プロ野球のゲームを行うのに必要となるのは，選手である。プロ野球選手の年俸は昔から高かった。しかしながら，FA制度の無い時代においては，選手は，その球団にとどまらざるを得ず，球団に比べ低い地位に留まらざるをえなかった。その意味では，「ゲーム」の供給者である選手の交渉力は低かった。しかしながら，近年では，FA制度や逆指名制度，複数年契約制度などの導入に伴い，選手の地位は確実に向上している。その結果，選手の年俸は増額され，球団経営に掛かるコストが増大しているのである。

⑤　業界内部の競争度合い

　プロ野球では，参入企業が制限されている上，フランチャイズ制が敷かれている（1952年より導入）。全国的にファンを拡大しようとする巨人軍と，地元フランチャイズとの競争はあるものの，ファンを奪い合うような，大きな競争は存在しない。

　以上の議論を統括すると，巨人軍を中心に発展してきた1980年

～90 年代前半くらいまでは，業界の収益を収奪する競争要因に対し，強い交渉力を有してきたゆえ，安定した収益率を有してきたが[2]，90 年代以降，巨人の弱体化，他のエンターテイメント，レジャーや，Ｊリーグの台頭，メディアの高度化（により海外プロスポーツを家にいながらにして視聴できるようになったこと）により，その交渉力は低下することで，収益性も低下し，産業としての魅力度も低下していったと考えることができる。

2.2.　3 つの基本戦略

　ポーターによれば，企業は 3 つの基本戦略のうち 1 つの戦略を選び策定することで，5 つの競争要因から身を守り，収益を挙げていくことが可能となるという。

①　コスト・リーダーシップ戦略

　製品・サービスを，他社よりも低価格もしくは，低コストで提供することにより，多くの収益を挙げる戦略である。安売り量販店，ユニクロなどが実行している戦略である。「育成」を重視し，生え抜きのスター選手を育成を目指す広島東洋カープなどはコスト・リーダーシップ戦略を採っている球団であると考えることができる。

②　差別化戦略

　製品の特徴，品質やブランドなど，違いを出し，顧客にその違いを認めてもらい，購入を促す戦略である。巨人軍では，「最強の球団」，「スター選手の多さ」というブランドにより，他球団と差別化を図っていたと考えることが可能である。熱狂的なファンの多い阪神タイガースなどでは，その「栄光と挫折の歴史」が，ファンにとって強烈な差別化要因になっているとも考えることができる（橘川，2009）。

---

[2] プロ野球が国民的な娯楽であった時代における「代替製品の脅威」と「買い手の交渉力」については，巨人が所属しているセ・リーグとパ・リーグでは状況が違うかもしれない。パ・リーグでは，巨人と直接対戦の機会のあるセ・リーグほどは，その脅威，交渉力は低くはなかったであろう。

③　集中戦略

　特定の地域や，セグメント（顧客層）に集中して製品・サービス
を売る戦略である。これは，特定の地域（例えば，千葉，仙台など）
のファンに対してはたらきかけていく，近年のプロスポーツチーム
が採っている戦略（地域密着の推進）であると考えることができる。
　近年のプロ野球経営の潮流では，自球団フランチャイズ内のファ
ンに訴求し，彼らにアピールし，種々のファンサービスを行うこと
により，地域内での顧客基盤を獲得していこうという「集中戦略」
を取る球団が増えてきている。「地域の人々の誇り・愛着を得てい
る対象である」というポジションを構築する動きへ向かっている。
そういう意味では，千葉ロッテならば，ジェフ千葉，北海道日本ハ
ムならば，コンサドーレ札幌などの同一地域にフランチャイズを置
くJリーグクラブなどが，ライバルになるのではないであろうか。

図表 13-3　3つの基本戦略

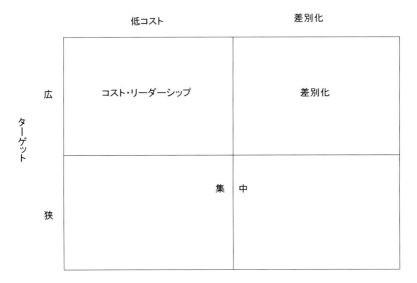

出典：ポーター（1980），61頁

3. おわりに

　企業が，製品・サービスの売り上げを上げていくためには，3つ
の基本戦略のうちの1つを策定・実行し，自社を業界内部で独自の
ポジションに位置づけていくことが重要であり，プロ野球球団もこ
れと同様であることはすでに議論した。すなわち，3つの基本戦略
のうちの1つを採りながら，図表13-2のうちのどこに自分たちを
位置づけていくのか（どのようなポジションを構築するのか）こそ
が，競合他社（ライバル）と戦っていく上で重要なのである。こう
した意味では，プロ野球球団も図表13-2の中で，自分たちの球団
をどこに位置づけていくか（特定のセグメントに対し，差別化して
いくのか，広いセグメントに対し差別化していくのか等々）が重要
であると言える。

＜課題＞

①か②のいずれかを選んで，答えを出してみよう。

① 5つの競争要因の観点から，興味のある業界[3]（スポーツでなく
　 ても構わない）を分析した上で，3つの基本戦略にそれぞれ合
　 致する企業を探してみよう。ここでの課題は，「業界分析」で
　 あって，「企業分析」ではないことに注意して欲しい。

② プロ野球を，より魅力的なエンターテイメント・ビジネスにす
　 るための手段を考えてみよう。考えるにあたっては，インター
　 ネットだけでなく，雑誌や，新聞，論文などの参考にしてみよ
　 う。

＜参考文献＞

橘川武郎（2009）「プロ野球の危機と阪神タイガース――ファンの
　　懸念―」『一橋ビジネスレビュー』第56巻第4号，62-73頁

橘川武郎・奈良堂史（2009）『ファンから観たプロ野球の歴史』日
　　本経済評論社

尹良富（1998）「戦前のプロ野球と新聞：『読売新聞』の『巨人軍戦

---

[3] 「業界」とは，「市場」と，ほぼ同義語で，同じ製品の販売を行う企業の集合体
のことを指す。日本の「スポーツ用品業界（産業）」といったらミズノやアディダ
スなど，スポーツ用品を取り扱う日本企業の総称のことである。

略』と関連して」一橋大学大学院社会学研究科博士論文

菊幸一（1993）『「近代プロスポーツ」の歴史社会学』不昧堂出版

大野貴司（2003）「日本プロスポーツ産業の現状と課題―経営戦略を中心に―」明治大学大学院経営学研究科修士論文

大野貴司（2004）「日本プロスポーツビジネスの経営戦略―ステイクホルダーとの関係性の視点から―」『横浜国際社会科学研究』第9巻第3号，381-397頁

大野貴司（2010）『プロスポーツクラブ経営戦略論』三恵社

大野貴司（2017）「プロ野球リーグのマネジメント」柳沢和雄・清水紀宏・中西純司編著『よくわかるスポーツマネジメント』ミネルヴァ書房，94-95頁

Porter, M. E.（1980），*Competitive Strategy*, Free Press.（土岐坤・服部照夫・中辻万治訳『競争の戦略』ダイヤモンド社，1982年）

<参考資料>

『東洋経済新報』2012年12月29日号

第 14 章

Jリーグのマネジメント

1. Jリーグの成立と発展

1.1. Jリーグの成立

　Jリーグは，1993年にわが国において開幕したプロサッカーリーグである。それ以前のサッカーは，個々の企業がサッカー部を所有する「企業スポーツ」であった。各企業のサッカー部により構成されていたリーグを，「日本リーグ」（Jリーグの前身）という。Jリーグ開幕前のサッカーであるが，90年代以前は，プロ野球が国民の圧倒的な支持を得ていたゆえ，日本リーグは日陰の道を歩まざるを得なかった。ゆえに，テレビ放映の機会にも恵まれず，運動能力の高い子どもは野球へと流れてしまい，国際的な競争力も十分なものではなかった（日本リーグ時代の国際試合は，1968年のメキシコオリンピックの銅メダルが最高成績であった）。

　こうした状況では，国際競争力の上昇・サッカー人気の獲得・競技人口の確保は困難であり，国際競争力の強化や，競技人口（特に子ども）の確保の面でも，プロサッカーの必要性は関係者の間で提唱され，1989年には，「プロリーグ検討委員会」が設置され，プロサッカーリーグ開幕を視野に入れた活動が行われることとなる。90年3月には，プロリーグ参加条件が定められ，その条件は以下の6項目とされた。

① 参加団体の法人化　⇒「株式会社」「社団法人」等法人がプロサッカーチームを有する

② ホームタウン制の確立

③ スタジアムの確保　⇒専用スタジアムの確保

④ チーム組織　⇒トップ・ファーム，2種，3種，4種のチームを

有する必要性

⑤　分担金の拠出

⑥　参加団体は，日本サッカー協会の指示に従うこと

（広瀬，2004など複数の二次資料を参考）。

　この参加条件を満たし，厳正な審査のうえ，最終的に参入が認められたのが，鹿島アントラーズ，浦和レッドダイヤモンズ，ジェフユナイテッド市原，ヴェルディ川崎，横浜マリノス，横浜フリューゲルス，清水エスパルス，名古屋グランパスエイト，ガンバ大阪，サンフレッチェ広島の10チームであり，その10チームで，Jリーグは開幕を迎えることとなった。91年には，サッカーリーグの名称を「Japan Professional League」に決定した。参加基準からも分かるようにJリーグでは，明確な理念を持ち，それを世間に広めることに努めたのである。

　Jリーグの理念とは，

一、日本サッカーの水準向上及びサッカーの普及促進

二、豊かなスポーツ文化の振興および国民の心身の健全な発達への寄与

三、国際社会における交流及び親善への貢献

（Jリーグ公式サイト参照）

であり，その活動方針とは，

1.　フェアで魅力的な試合を行うことで，地域の人々に夢と楽しみを提供します

2.　自治体，ファン，サポーターの理解・協力を仰ぎながら，世界に誇れる，安全で快適なスタジアム環境を確立します

3.　地域の人々に，Jクラブをより身近に感じていただくため，クラブ施設を開放したり，選手や指導者が地域の人々と交流を深める場や機会をつくっていきます

4.　フットサルを，家族や地域で楽しめるようなシステムを提供しながら普及していきます

5.　サッカーだけでなく，他の競技にも気軽に参加できるような機会をつくっていきます

6.　障害を持つ人も一緒に楽しめるスポーツのシステムを作って

いきます

（Jリーグ公式サイト参照）

　というものであった。こうした構想を抱くに至ったのは，当時のチェアマンであった川淵三郎の貢献が大きい。川淵は欧州に行くたびに，ドイツなどのヨーロッパのスポーツが，人々の生活の一部になっている状況を目の当たりにしていたためである。その他，Jリーグの設立に尽力した一人である木之本興三なども日本の地方都市を巡り，いかに地方都市の人々が，スポーツを渇望していたかということを体感したことも大きかった（NHK エンタープライズ，2002）。こうしてJリーグでは，日本においても整ったスポーツ施設で，人々が思い思いにスポーツを楽しむ環境を作り上げること，すなわち，日本でもスポーツを「文化」とすること，その手段として，Jリーグの設立を目指したのである。その意味では，Jリーグでは，わが国のスポーツ文化を，クラブ・地域・企業・サポーターで創っていくことを目指したのである。わが国において，「サポーター」という用語は，Jリーグにより浸透したものと考えて間違いはないが，このサポーターという用語は，「支援する」という意味が含まれており，「ファン」よりも愛情や責任の強さを表している。

　こうして，1993年にJリーグは開幕した。当初は，10年以上は毎年赤字が続くことが予想されたが，いざ開幕すると，スタジアムは，どこも連日満員で，Jリーグは，一種の社会現象になった。これのブームの原因としては，マスコミによる煽動，プロ野球人気の低迷，ダイナスティ・カップでの日本代表の優勝などの要因を挙げることができよう。

1.2.　Jリーグの収入構造

　Jリーグでは，すべての収入を各球団のものとするプロ野球とは異なり，各チームが手にする入場料収入，専用スタジアムの広告料，ユニフォームの広告料以外の収入は，原則として社団法人日本プロサッカー協会に集められ，各チームに均等に分配された。これは，収入格差により生まれる戦力格差をなくすことを目指したためである。こうした収入の平等化は，アメリカのNFLや，NBAにより

採られているマネジメント手法である。以下，Jリーグにおける収入を検討していこう。

① スポンサー収入

　Jリーグのスポンサーは，2022 年 10 月時点でタイトルパートナー，Jリーグオフィシャルブロードキャスティングパートナー，Jリーグトップパートナー，Jリーグ百年構想パートナー，リーグカップパートナー，スーパーカップパートナー，Jリーグオフィシャルエクイップメントパートナー，スポーツ振興パートナー，Jリーグオフィシャルチケッティングパートナー，Jリーグオフィシャル EC プラットフォームパートナー，Jリーグオフィシャルテクノロジーパートナー，Jリーグサポーティングカンパニーなどのスポンサーが存在しており（Jリーグ公式サイト参照）それぞれのスポンサー（パートナー）が，その目的に応じた形でJリーグへの支援・協力を行っている。

③ 放映権料

　Jリーグでは，各チームが独自にメディア側と契約を結ぶのではなく，リーグが一括で放映権契約を結び，これらの収入を各チームに平等に分配する方式を採用している。これは，先述のように，収入格差による戦力格差が出ることを防ぐことを目的としている。この方式は，NFL，NBA などの先進プロスポーツリーグの経営手法を参考にしており，チーム間の収入・戦力格差に対する明確なマネジメント手法の存在しないわが国のプロ野球を反面教師にしている部分があると言える。

　Jリーグは，2016 年にスポーツのライブストリーミングサービスである「DAZN（ダゾーン）」と 10 年間 2100 億円の放映権契約を締結しており（数値は各種報道資料を参考），今後の動向が注目される[1]。

---

[1] DAZN は 2022 年 10 月に J3 の SC 相模原の運営会社であるスポーツクラブ相模原の発行済株式の 74.2％を取得したと発表した（デイリー参照）。

③ ロイヤリティ収入

ロイヤリティ収入とは，企業が，Ｊリーグに関係する製品を製造したい場合に，Ｊリーグ側に支払う許認可料のことである。放映権契約料と同様に売上は，リーグが一括し，各チームへ分配している。

Ｊリーグは，他のプロスポーツと違い，スポンサーに選択の幅を持たせており，スポンサーにとってもメリットのあるものであった。これが，他のわが国プロスポーツリーグと比べ，スポンサー契約料の比率の多い要因であると考えることもできる。

1.3. Ｊリーグの衰退とＶ字回復

1993 年には，324 万人，1994 年には 515 万人，1995 年には，616万人と観客動員数を伸ばしてきたＪリーグだが，1996 年には，320万人と大幅減少，1997 年には 276 万人にまで減少してしまう（数字はＪリーグ公式サイトなどの各種報道資料を参考）。いわゆる，Ｊリーグブームの終焉である。原因としては，一時的な流行に乗っていただけの「にわかファン」がスタジアムに来なくなったことや，クラブ側のサポーターを増やすための自助努力の欠如や，プロ野球人気の盛り返しなどが考えられる。

こうした観客動員の減少への対抗策としてＪリーグでは，以下の方策を行った。まずは，2 部リーグ制の導入により対戦のバリエーションを付けたことが挙げられる。2 部リーグ制を導入することにより，2 部リーグのクラブのサポーターに対し，「自分の地域のチームが昇格できるかもしれない」（降格しそうなチームも同様に，シーズンの最後までシーズンの成り行きに関心を持たざるをえなくなる）と最後までシーズンに関心を持たせるような配慮をした。その他，球団拡張を行い，潜在的なサポーターを取り込む方策を採った。球団拡張の際には，北海道，仙台，佐賀など，プロ野球が置かれなかった地域に球団を置き，プロ野球との競合を避けるようにした。この他，経営諮問委員会を設置し，経営状態の思わしくないチームへの改善提案，新規参入チームの審査などを行うことにより，チーム間の共存共栄の下，リーグが発展していけるよう配慮した（複数の二次資料を参考）。

こうした「間断のない改革」により，全国レベルでファンを開拓

することで，2001 年には年間観客動員数は 596 万人になり，前年
の 1.4 倍となり，V 字回復を見せる（J リーグ公式ページ参照）。

図表 14-1　J1 観客動員数の推移

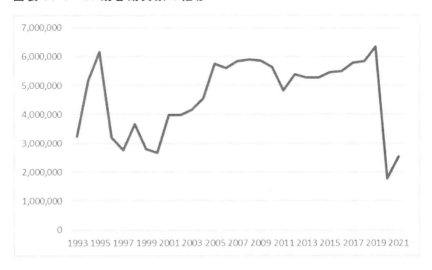

J リーグ公式サイトを参考に筆者作成。

図表 14-2　J2 観客動員数の推移

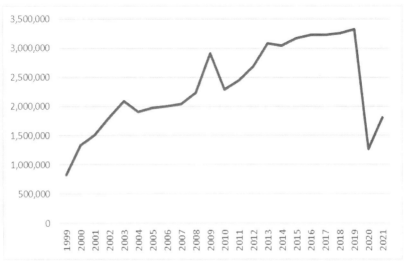

Jリーグ公式サイトを参考に筆者作成。
※　J2 の 2008 年から 2009 年の 1 試合あたりの平均入場者数の減
　　少（観客動員数は増えているにも関わらず）は，開催試合数が
　　315 試合から 459 試合に拡大されたため。

図表 14-3　J3 の観客動員数の推移

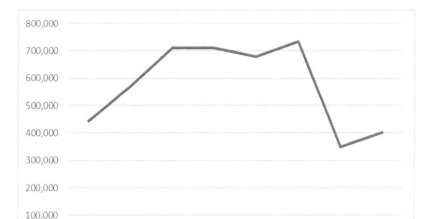

Jリーグ公式サイトを参考に筆者作成。

2.　Jリーグのマネジメント

2.1.　Jリーグのマネジメントとステークホルダー

　ここで，Jリーグのマネジメントについて考えていきたい。Jリーグは，旧来のわが国のスポーツシステムの担い手であった企業，すなわち，企業主導型のスポーツシステムの限界により生まれたといっても過言ではない。企業スポーツは，企業の業績が良いときは，企業の広告塔，社員の帰属意識をつくるものとしてもてはやされるが，企業の業績が悪くなれば，経費節減の名のものと切り捨てられてしまう。つまりは，企業スポーツとは，その命運を親会社に依存する存在なのである。そうではなく，大事なのは企業依存では

なく，自分たちで活動を継続していくためには，活動に必要な資金を自分たちで賄うことである。では，誰に活動に必要な資金や資源を出してもらうのか。これは，ファンなどの地域住民や地方自治体，スポンサー，テレビ局等のメディアなどである。こうした，自らの活動に必要な資源を提供してくれる個人や組織のことを，経営学では「ステークホルダー（利害関係者）」という。ステークホルダーとは，「それらの支援がなければ組織が存続することができない集団」（Freeman, 1984）であり，そこには，株主，従業員，顧客，供給業者，金融業社，社会などが含まれる（Freeman, 1984）。従来のわが国スポーツビジネス（例えばプロ野球や実業団スポーツ）の主要なステークホルダーは「親会社（＝株主）」であったが，親会社が単独でプロスポーツを支えきれなくなっており，様々なステークホルダーによって，プロスポーツの存続・成長を支えてもらうというビジネスモデルへと変化している。こうしたJリーグを含めたプロスポーツクラブを取り巻く多様なステークホルダーの利害を調整し，関係性を形成していくことが，プロスポーツクラブの存続・成長にはきわめて重要となる。

　しかしながら，特定のステークホルダーに依存しすぎることは，そのステークホルダーの影響力を強めることになり，そのステークホルダーの主張が通りやすくなるゆえ，危険性が高い。一例を挙げれば，メディア優位によるスポーツの試合時間・ルールの変更などが挙げられる。メディアが高額な放映権料をスポーツ組織にもたらすゆえ，メディアの意見が，試合運営・開催地の決定（例えばバレーボールの国際試合などは日本で行われる場合が多い）などにおいて通りやすくなるのである。それゆえ，プロスポーツ経営においては，特定のステークホルダーに依存することのない経営を行うことが重要であると言える。ステークホルダーのパワーは，その組織にとってその資源（＝お金やボランティアやモノなど）が，組織にとって重要なものであればあるほど，そして，他で手に入らなければそれだけますます強いものとなる。ステークホルダーの影響力と，パワー分散のためにも資源獲得の多様な経路を有しておくことが望ましい。フェッファー＝サランシック（1978）などは，組織が他組織に資源上の依存をしている場合，その依存を回避する手段と

して，依存そのものを吸収する吸収戦略，依存を認めた上で，相手と良好な関係を形成することを目指す協調戦略，政府などの第三者に仲介を依頼する政治戦略の 3 つを挙げている。J リーグと，それを取り巻くステークホルダーの場合，協調戦略がこれに該当しよう。互いに，互いがなくてはならない存在であることを自覚した上で，共存共栄を目指していくことが望ましいということである。

2.2. 経営性と社会性の統合

　J リーグの事例に見られるように，プロスポーツはスポーツの高度化と大衆化（裾野の拡大）の役割を担うだけでなく，地域住民の話題づくり，経済活動への寄与など地域の振興の役割を担っている。営利追求体である企業により行われる社会貢献活動を，「CSR（Corporate Social Responsibility＝企業の社会的責任）」という [2]。企業の社会貢献活動への要請は，企業が社会に与える影響の増大とともに高まっている [3]。こうした活動は，プロスポーツクラブのような「スポーツ」というきわめて公共性の強い性格を有する製品（サービス）を扱う組織には特に強く求められるものと考えられる。その意味では，プロスポーツビジネスでは，自らの存続に必要な資金を「利潤」という形で挙げる（経営性の追求）だけでなく，自らに課せられた，「社会的責任（社会性）」を果たさなければならない。すなわち企業，そして J リーグを含めたプロスポーツには，事業を通じて，いかに社会に役立てるかを考えていくこと，その経営を通して，「経営性」と「社会性」の統合を実現していくことが求められるのである。CSR は，営利活動の観点から考えると，その企業の認知度・イメージを向上させ，自らのブランド・イメージを構築することを可能とし，潜在的な顧客を獲得できるというメリットがある。例えば，J リーグクラブが，地域でサッカー教室を行ったり，地域のグラウンドを改修し，スポーツの場を提供することは，地域の子どもやその親，地域住民のチームに対する認知度を高めること

[2] 企業による文化・芸術活動の支援のことを「メセナ」という。ミズノによるミズノスポーツ振興会の設立もメセナに分類されると考えられる。
[3] 企業が引き起こすマイナスの社会的影響としては，公害が挙げられ，企業が引き起こすプラスの影響としては，モノ（物的資源）の充足，我々の暮らしを改善するイノベーションの実現（例えば，電話や自動車など）などが挙げられよう。

に繋がり，彼らをスタジアムへと誘うことを可能にするかもしれない。

図表 14-4　ステークホルダーとの関わり方

ステークホルダー	価値獲得	提供価値
ファン	チケット購入 精神的支援	試合 感動・興奮
企業	出資・スポンサーシップ 物品サプライ	認知拡大 イメージ向上
メディア・マスコミ	メディア露出 放映権料	話題性 視聴率
地域社会	補助金 ボランティア・労力 認知拡大	住民サービス グッズ 一体感・感動
選手	パフォーマンス メディア露出	報酬 練習環境

山谷（2003），192 頁を参考に筆者作成。

3.　おわりに

　わが国のプロスポーツビジネスは，メインスポンサー依存のプロ野球型から地域住民を始めとした，多様なステークホルダーに支えられながら発展していこうとする J リーグ型へと変動しつつある。経営戦略として，地域住民やスポンサー，メディア，行政などの多様なステークホルダーとの関係づくりをいかに実行していくかが，今後のわが国プロスポーツビジネスの成否を分ける鍵となろう。

＜課題＞

　浦和レッズがなぜ多くのサポーターから愛されるクラブとなったのか，そのマネジメントについて調べてみよう。調べるにあたっては，インターネットだけでなく，雑誌や，新聞，論文なども参考

にしてみよう。

＜参考文献＞

Freeman, R. E.(1984),*Strategic Management : A Stakeholder Approach*, Pitman.

広瀬一郎（2004）『Ｊリーグのマネジメント』東洋経済新報社

Pfeffer, J. & Salancik, G. R（1978）,*The External Control of Organizations: A Resourced Dependent Perspective*, Harper & Row.

山谷拓志（2003）「クラブ事業のマネジメント」原田宗彦編著『スポーツ産業論入門（第3版)』杏林書院，184-193頁

＜参考資料＞

NHKエンタープライズ編・発売『プロジェクトX　挑戦者たち　わが友へ　病床からのキックオフ〜Ｊリーグ誕生・知られざるドラマ』（DVD)，2002年

＜参考URL＞

デイリー「DeNAがＪリーグに本格参入　J3・SC相模原運営クラブを子会社化　株式追加取得で9割超保有見込み」https://nordot.app/957900285292773376?c=113147194022725109（2022 .10.30アクセス）

Ｊリーグ公式サイト http://www.j-league.or.jp/（2022 .10.30アクセス）

第 15 章

スポーツイベントのマネジメント

（オリンピック）

1. オリンピックの商業化のプロセス

1.1. オリンピックの成長と「ユベロス・マジック」

　オリンピックとは，国際オリンピック委員会（IOC）が 4 年に 1 度開催する世界的なスポーツ大会である。現在では 200 以上の国が参加し，その模様は世界中で放映されている。19 世紀末に，フランスのクーベルタン男爵（ピエール・ド・クーベルタン）により，古代ギリシアの「オリンピアの祭典」（古代オリンピック）をもとに開催することが提唱され，IOC が設立された。近代オリンピックとも呼ばれている[1]。

　ここでは，紙幅の都合上，オリンピックの歴史については割愛し，オリンピックの成長プロセスを商業化との関わりから論じたい。

　19 世紀の後半に復興されたオリンピックは，1970 年代には，ますます巨大化の様相を呈し，運営費は増加し，開催国や，開催都市の財政を圧迫していった。それゆえ，開催国として立候補する国は少なかった。そうなると，オリンピックの開催自体も危ぶまれる。しかしながら，オリンピックは世界中の人々が高い関心を持つ稀有なスポーツイベントである。1960 年〜70 年代のテレビメディアの普及に伴い，メディアでは，テレビの枠を埋める「魅力的な」コンテンツの製造の必要性が求められていた。こうしたメディア側のニーズに無頓着であったところからも，当時の IOC では，世界中の

---

[1] 近代オリンピックは，1896 年に第 1 回大会が，古代オリンピックの開催地であるギリシアのアテネで開催されている。この時にオリンピック大会の最高権威を持つ国際オリンピック委員会（IOC）も設立されている（小野，2011）。

多様な年代の人びとが一同に楽しめる魅力的なコンテンツとしてのスポーツ，高いメディア価値を持つスポーツを，十分活かしきれていなかったということができる。

　開催国に膨大な運営資金を強いるオリンピックが，今後生き残っていく手段としては，開催規模自体の縮小による運営経費の縮減，スポンサーシップなどの外部運営資金の導入，の2つの選択肢が考えられた。後者の選択肢を選び，オリンピックを開催国に膨大な利益をもたらすスポーツイベントとして変貌させていったのは，1984年のロサンゼルスオリンピック（以下ロス五輪）の大会組織委員長を務めたピーター・ユベロス（現アメリカオリンピック委員長）である[2]。ユベロスが，指揮を執り，実行されたロス五輪が行われた1984年は，五輪の「商業化元年」といわれている。ユベロスが行った経営手法は，主に

① 公式スポンサー・サプライヤー権の確立
② 公式マーク・ロゴ等のマーチャンダイジング
③ 独占放映権販売方式（各国1つのTV局のみ）による放映権料のアップ

の3つであった（広瀬，2006）。

　スポンサー契約は，1業種1社のみとし（1業種1社制），契約をしたスポンサーは，オリンピックを利用した様々なマーケティング活動を認めるというインセンティブを与えることにより，スポンサー間を入札競争させ，権利料を増額させることを可能とした。その結果，ABCが全米の独占放映権を2億5500万ドルで購入し，IOCに膨大な利益をもたらした（数値は広瀬（2006）など複数の二次資料を参考）。スポンサーシップの活用に当たっては，組織委員会の営業力だけでは不十分であり，巨大広告代理店の協力が必要だった。そこで，IOCは日本の最大手の広告代理店である電通と契約し，電通が，オリンピック委員会とスポンサーとの仲介役を果たした。こうした商業主義の導入の結果，ロス五輪では，1セントのアメリカ国民の税金を使わずに，2億ドル以上の黒字をもたらした（広瀬，

---

[2] ユベロスは，ロス五輪の大会委員長に就任する以前は，旅行会社の経営をしていた。その会社を，業界2位の旅行会社にまで成長させた経営手腕が見込まれ，大会組織委員長に抜擢された（複数の二次資料を参考に作成）。

2006)。

　以降，オリンピックは，多額の税金を使う厄介なイベントから，開催国に膨大な投資を強いるイベントから，多額の金を落としてくれるイベントへとその姿を変えたのである[3]。ロス五輪以降，オリンピックの開催希望国が殺到し，熾烈な誘致合戦が今日まで繰り広げられているのは，読者のみなさんも知るところであろう。

　オリンピックが継続的に開催されるためには，安定的な資金確保こそが重要である。そのためには，さらなる収入の安定化，収入獲得の体系の構築が求められる。そこで，IOC では「TOP（Top Olympic Program）システム」と呼ばれる制度を構築し，継続的な資金確保が可能な状態の構築を目指した。具体的には，1988 年の冬季カルガリーオリンピック，夏季ソウルオリンピックから，スポンサーの権利を，「大会ごと」にするのではなく，4 年間とすることで，権利の拡張をすることにより，スポンサーに長期的なメリットをもたらし，高額の契約料を獲得することを可能とした（広瀬, 2006, 2007）。

　図表15-1 のようにオリンピックの放映権料は年々高騰しており，2013 年から 2016 年のリオ五輪時の放映権収入は 41 億ドルに達し，IOC の総収入の 74％を占めるものとなっている（International Olympic Committee, 2022）。

　TOP の契約企業には，エアビー・アンド・ビー，アリババ，アリアンズ，アトス，ブリヂストン，コカ・コーラ，デロイト，インテル，オメガ，パナソニック，プロクター＆ギャンブル，サムスン，トヨタ自動車，VISA などの企業があり，世界的な大企業が多く名を連ねており，2013 年から 2016 年のリオ五輪時の TOP システムによる収入は約 9 億ドルに達し，IOC の総収入の 18％を占めるものとなっている（International Olympic Committee, 2016）。

　さらには，各国の NOC（National Olympic Committee）が有していた五輪マークの使用権を，IOC（国際オリンピック委員会）が一括管理し，スポンサーに対して，世界中のどこでも五輪のマークを使用できる権利を与えた。コカ・コーラ，IBM，パナソニック，VISA

---

[3] 直近のオリンピックでもあるリオ五輪では，IOC は 56 億ドルの収入を得ており，この数値は，前回のアテネ五輪よりも 6.2％上昇している（International Olympic Committee, 2016）。

図表 15-1　夏季オリンピック放映権料の推移

開催年	開催場所	放映権料（ドル）
1960	ローマ	5 万
1964	東京	50 万
1968	メキシコ	60 万
1972	ミュンヘン	105 万
1976	モントリオール	130 万
1980	モスクワ	850 万
1984	ロサンゼルス	1850 万
1988	ソウル	5000 万
1992	バルセロナ	5750 万
1996	アトランタ	9950 万
2000	シドニー	1 億 3500 万
2004	アテネ	1 億 5500 万
2008	北京	1 億 8000 万
2010	バンクーバー（冬季）	39 億
2012	ロンドン	
2014	ソチ（冬季）	41 億
2016	リオディジャネイロ	
2018	平昌（冬季）	45 億
2020/2021	東京	

Olympic Committee（2010, 2012, 2016, 2022）を参考に筆者作成。

図表 15-2　TOP システムによる収入の推移

開催年	収入額
1993-1996	2 億 7900 万ドル
1997-2000	5 億 7900 万ドル
2001-2004	6 億 6300 万ドル
2005-2008	8 億 6600 万ドル
2008-2012	約 9 億ドル
2013-2016	役 10 億ドル
2017-2020/2021	約 22 億 9600 万ドル

International Olympic Committee（2010，2012，2016，2022）を参考に筆者作成。

図表 15-3　オリンピック収入推移

期間	収入額
1993-1996	15 億 3000 万ドル
1997-2000	24 億 2400 万ドル
2001-2004	28 億 9600 万ドル
2005-2008	34 億 300 万ドル
2009-2012	48 億ドル
2013-2016	51 億 6400 万ドル
2017-2020/2021	68 億 3900 万ドル

International Olympic Committee（2022）を参考に筆者作成。

など，グローバルに展開する巨大企業には，五輪のマークが，世界中のどこでも商業利用のため使えるため，メリットが大きい。自分たちの権利が奪われる形となる NOC に対しては，IOC から各国 NOC に利益配分を行うことにより，互いにメリットのある形での発展を目指した（広瀬，2006，2007）。

こうして，ユベロスのマーケティング手法は，後のオリンピックのマネジメント，スポーツ経営において大きく活用されていき，スポーツに膨大なマネーをもたらすのである。

1.2.　アンブッシュ・マーケティング

　1 業種 1 社制による権利の独占行使は良い面もあれば，問題もある。それは，入札に敗れ，スポンサーになれなかった企業の復讐，報復である。オリンピックにおいては，五輪スポンサーの権利を侵害しないように，イベントの知名度や評判，イメージを利用したプロモーション活動を行い，消費者に対し，あたかも自社がそのイベントのスポンサーであるかのように錯覚させる「アンブッシュ・マーケティング」という悩ましい問題がある。アンブッシュ・マーケティングの具体例としては，ナイキやペプシのようにオリンピック

のメダリストなどの契約をして，彼らを活用した広告活動を展開したり，オリンピックや，ワールドカップの中継番組のスポンサーになり，「oo社はオリンピックを応援しています」のような，視聴者に，その企業がそうしたスポーツイベントのスポンサーであるかのような誤解をさせることなどが挙げられる。アンブッシュ・マーケティングとは，公式スポンサーになることができなかった企業が，オリンピックの恩恵に預かろうとするマーケティング手法である。スポンサーの権利を勝ち得たライバル企業のイメージダウンをさせる狙いもある。「アンブッシュ・マーケティング」は，違法ではないゆえ，現時点では規制策はないが（しかしながら，IOC もアンブッシュ・マーケティング自体には問題を感じており，対抗の姿勢を見せている），アンブッシュ・マーケティングにより，スポンサーの有する権利が大きく損なわれることになり，スポンサー契約料の減額をもたらし，IOC，ひいてはオリンピックの開催そのものに深刻な影響を与えかねない。

2. スポーツイベントのマネジメント

　ここでは，スポーツ・スポンサーシップという視点から，スポーツイベントのマネジメントについて考えてみたい。まず，スポンサーシップについて考えてみたい。スポンサーシップとは，「自己の所有物に対して，他者が現金あるいは一種の手数料を支払う代わりに，その他者に対し，その所有物の商業上の潜在力を利用を認めるもの」（Ukman，1995）である。スポーツビジネスの文脈で考えていくと，スポーツ・スポンサーシップとは，スポーツ組織が有する試合の放送権や，ロゴの使用，商品化権など，自己が有する諸々の権利を，その活用を望むテレビ局や，企業に販売する行為であると考えられる。すなわち，スポンサーは，契約料を支払う見返りに，スポーツイベントに派生する諸々の権利を得，スポーツイベント主催者は，契約料を貰う見返りにスポンサーに対し，イベントから派生する諸々の権利を認めるのである。その意味では，スポーツイベント主催者は，スポンサーに対して，対価に見合うだけのメリットを提供しなければならないのである。権利の保有者が，明確なメリ

ットを提供し、それをメリットであるとスポンサー側が認知をして
はじめて、取引関係が成立するとともに、その取引関係が持続し、
長期化させていくことが可能になるのである。

図表 15-4　スポンサーシップの考え方

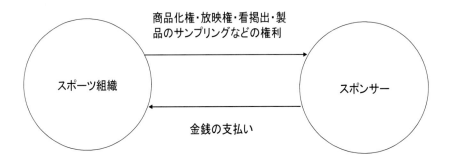

筆者作成。

　では、スポンサーにとってのスポーツイベントをスポンサードす
るメリットとは何であろうか。スポンサーは、スポーツイベントを
スポンサードすることにより、そのスポーツイベントの観戦者、視
聴者へアクセスし、自社や自社の製品を宣伝したり、知ってもらう
ことを望んでいる。その意味では、スポンサードするスポーツイベ
ントは多くの人々が関心を持つものでなければならない。でなけれ
ば、多くの潜在的な顧客へとアクセスできないためである。すなわ
ち、スポーツイベント主催者は、そのイベントのメディアバリュー
を高めていく（視聴者にとって自らのスポーツイベントを観る価値
があると思わせるようなものにしていく）必要がある。そうするこ
とにより、人々にとって魅力的なコンテンツとなるとともに、そう
した人々にアクセスしたいスポンサーにとって、魅力的な投資対象
となることを目指すのである。スポンサーが得られる次のメリット
としては、オリンピックであるならば、1 業種に 1 社のみが許され
る、「オリンピックのスポンサー」という特権的かつ独占的な地位

である。オリンピックのスポンサーは，こうした「オリンピックのスポンサー」という特権的な地位を，競合他社との差別化要因にし，自社におけるポジション，ブランドを構築していくのである。スポンサーの権利を認め，長期的な関係を構築していくためには，スポンサーの権利を損なわせる「アンブッシュ・マーケティング」への対応が，スポンサーにもイベント主催者にも求められると考えられる。

3. おわりに

　本章では，オリンピックの商業化の促進の事例を通じて，スポーツイベントのマネジメントについて検討してきた。どんな組織であれ，単独で自らの活動に必要な資源を獲得していくことは不可能である。それゆえに，外部環境，すなわち，自らを取り巻くステークホルダーにおける資源上の依存を認めながら，彼らといかに関わりあっていくのかを考えなければならない。具体的には，スポーツイベントを行う組織と，スポンサーやメディアなどのステークホルダーが，互いに WIN-WIN の関係を構築できるかを考えなければならないのである。近年，とみに膨大な額となっているオリンピックやワールドカップのスポンサー契約料を見る限り，それだけの膨大な金額に見合うだけのメリットとは何か，スポーツイベントの主体者はそれを見つめ，ステークホルダーへと明らかにし，ときに彼らにとってのメリットや，スポンサードのあり方を共に創りあげていくことこそが求められるのではないであろうか。

＜課題＞

　オリンピックや，ワールドカップなどに見られるように，スポーツは，なぜ我々の心を引き付け，感動させるのであろうか，その理由を考えた上で，そこにおいて，スポーツ経営学が果たすことのできる役割を考えてみよう。

＜参考文献＞

原田宗彦編著（2008）『スポーツマーケティング』大修館書店

広瀬一郎 (2007)『スポーツマーケティングを学ぶ』創文企画

舛本直文 (2008)『オリンピックのすべて』大修館書店

小野勝敏 (2011)「オリンピックの光と影」大野貴司・神谷拓・竹
　　内治彦編著『体育・スポーツと経営―スポーツマネジメント教
　　育の新展開―』ふくろう出版，2-8 頁

Ukman, L.（1995）,*IEG's Complete Guide to Sponsorship*. International
　　Events Group.

＜参考資料＞

広瀬一郎(2006)『サッカーマーケティング』ブックハウス HD(DVD)

＜参考 URL＞

International Olympic Committee（2010）, *Olympic Marketing Fact File*,
　　http://www.olympic.org/Documents/fact_file_2010.pdf
　　（2022.10.30 アクセス）

International Olympic Committee（2012）, *Olympic Marketing Overview,*
　　https://stillmed.olympic.org/media/Document%20Library/Olympic
　　Org/IOC/How_We_Do_It/Other_Commercial_Programmes/Licensi
　　ng/EN_IOC_Marketing_Media_Guide_2012.pdf（2022.10.30 アク
　　セス）

International Olympic Committee（2016）,*Media Guide : IOC Marketing*,
　　https://stillmed.olympic.org/media/Document%20Library/Olymp
　　icOrg/Games/Summer-Games/Games-Rio-2016-Olympic-Games/
　　Media-Guide-for-Rio-2016/IOC-Marketing-Media-Guide-Rio-20
　　16.pdf（2022.10.30 アクセス）

International Olympic Committee（2022）, *Olympic Marketing Fact File
　　2022 Edtion*,
　　https://stillmed.olympics.com/media/Documents/International-Oly
　　mpic-Committee/IOC-Marketing-And-Broadcasting/IOC-Marketin
　　g-Fact-File.pdf（2022.10.30 アクセス）

著者紹介

大野 貴司（おおの　たかし）

帝京大学経済学部教授

略歴
1977年 埼玉県浦和市（現さいたま市）生まれ
2001年 明治大学経営学部卒業
2003年 明治大学大学院経営学研究科博士前期課程修了　修士（経営学）
2006年 横浜国立大学大学院国際社会科学研究科博士後期課程単位取得退学
岐阜経済大学経営学部専任講師,准教授,東洋学園大学現代経営学部准教授,教授,
帝京大学経済学部准教授を経て
2022年 現職
専門はスポーツマネジメント,経営者論,経営戦略論など。

主要業績
『プロスポーツクラブ経営戦略論』三恵社
『スポーツマーケティング入門』三恵社
『人間性重視の経営戦略論』ふくろう出版
『スポーツマネジメント論序説』三恵社
『体育・スポーツと経営』ふくろう出版（編著）
『スポーツマネジメント実践の現状と課題』三恵社（編著）
『現代スポーツのマネジメント論』三恵社（編著）
『スポーツビジネス論』三恵社（編著）

スポーツ経営学入門 ―理論とケース― 第4版

2023年1月26日　　初 版 発 行

著 者　　大 野　　貴 司

発行所　　株 式 会 社　　三 恵 社
〒462-0056 愛知県名古屋市北区中丸町2-24-1
TEL 052 (915) 5211
FAX 052 (915) 5019
URL http://www.sankeisha.com

ISBN978-4-86693-724-3

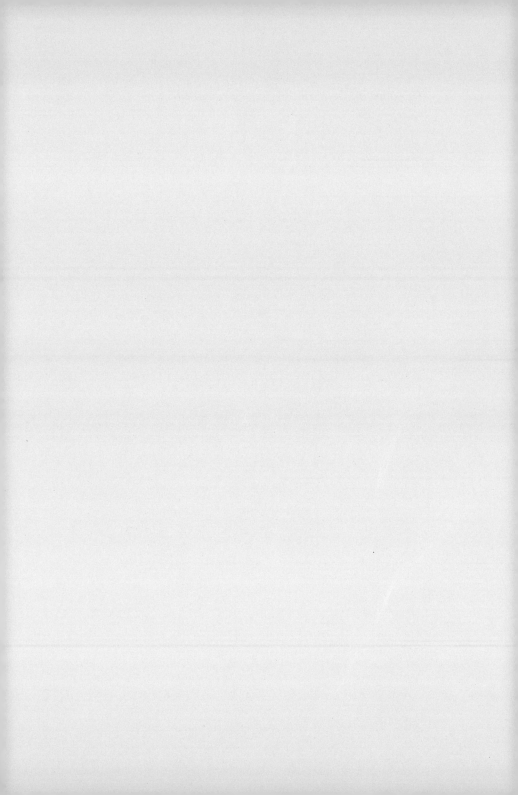